L'IMPOT
SUR LE REVENU

Les Impôts cédulaires.

L'Impôt général sur le Revenu.

Le Statut fiscal des Régions libérées.

PARIS
LIBRAIRIE GÉNÉRALE DE DROIT ET DE JURISPRUDENCE

Ancienne Librairie Chevalier-Marescq et Cⁱᵉ et ancienne Librairie F. Pichon réunies

F. PICHON et DURAND-AUZIAS, administrateurs

Librairie du Conseil d'État et de la Société de Législation comparée

20, Rue Soufflot (5ᵉ arr.)

1923

Tous droits réservés

L'IMPOT SUR LE REVENU

L'IMPOT SUR LE REVENU

Les Impôts cédulaires.

L'Impôt général sur le Revenu.

Le Statut fiscal des Régions libérées.

PARIS
LIBRAIRIE GÉNÉRALE DE DROIT ET DE JURISPRUDENCE
ancienne Librairie Chevalier-Marescq et Cie et ancienne Librairie F. Pichon réunies
F. PICHON et DURAND-AUZIAS, administrateurs
Librairie du Conseil d'État et de la Société de Législation comparée
20, Rue Soufflot (5e arr.)

1923

PREMIÈRE PARTIE

Les Impôts cédulaires

CHAPITRE PREMIER

L'Impôt sur les bénéfices industriels et commerciaux.

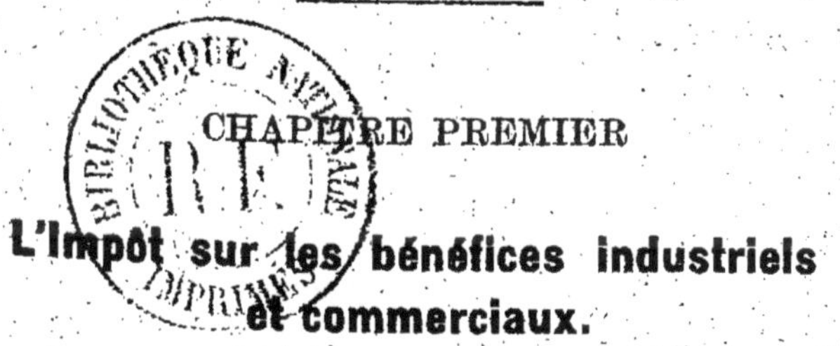

Sommaire : § I. Entreprises assujetties à l'impôt. — § II. Le lieu de l'imposition. — § III. Comment l'impôt est-il établi ? — § IV. De la détermination du bénéfice imposable. — § V. Calcul de l'impôt. — § VI. Réductions pour charges de famille. — § VII. Majorations et suppléments d'impôts. — § VIII. Les pièces comptables des contribuables sont soumises au contrôle de l'administration. — § IX. Demandes en décharge ou en réduction. — § X. Indications relatives aux Sociétés. — § XI. Les Sociétés coopératives de consommation. — § XII. Entreprises ayant pour objet la vente en détail de denrées ou marchandises, dont le chiffre d'affaires dépasse 1 million de francs par an.

§ I. **Entreprises assujetties à l'impôt.** — L'impôt cédulaire sur les bénéfices industriels et commerciaux a été introduit en France par la loi du 31 juillet 1917; il est dû par tout par-

ticulier et par toute Société exerçant en France une profession industrielle ou commerciale.

L'assujetti peut être un particulier exerçant un commerce
ou une industrie, mais ce peut être aussi une Société.

*L'impôt sur les bénéfices industriels et commerciaux vise
seulement les bénéfices des entreprises situées en France
à l'exclusion des bénéfices provenant d'établissement
situés et exploités hors du territoire français.*

« Aux termes de l'article 3 de la loi du 31 juillet 1917, les bénéfices servant de base à l'impôt sur les bénéfices industriels e
commerciaux sont constitués par la totalité des produits net
des diverses entreprises exploitées en France par un même con
tribuable et, par suite, les bénéfices provenant exclusivemen
d'entreprises situées à l'étranger, aux colonies ou dans les pay
du protectorat, ne sont pas soumis à l'impôt; mais, lorsqu'un
Société traite à la fois des affaires en France et hors de Franc
la détermination des bases de l'impôt dont elle est redevab
nécessite une ventilation de ses bénéfices, qui dépend de la na
ture de ses opérations et des conditions de fait dans lesquell
fonctionne son entreprise ». (Réponse du Ministre des Finance
n° 11.760. *Journal Officiel*, 22-2-1922).

*L'impôt est dû, quelle que soit la nationalité des imposable
et que ceux-ci possèdent ou non, un domicile en France.*

Une entreprise ayant à l'étranger le siège de son exploita
tion, ne devient pas imposable en France, par cela seul qu'el
aurait, dans notre pays, une installation affectée à la gar
de ses archives et à sa comptabilité (Conseil d'Etat, 5 m
1894, Dalloz p. 95-3-53); la solution serait différente si
local occupé en France par cette maison étrangère avait
caractère d'un véritable *établissement, magasin, chantier
dépôt,* coopérant, par des opérations commerciales netteme
définies, à la production des bénéfices réalisés par l'entrepri
(Impôt sur le Revenu, E. Besson, p. 201, librairie Dall
édition 1922).

Remarque. — La loi du 31 juillet 1917 ne comportant pas a liste des professions assujetties à la cédule industrielle et ommerciale, la question peut se poser de savoir si les revenus e telle ou telle autre profession sont, ou non, assujettis à adite cédule. Lorsqu'il en sera ainsi, on consultera avec rofit, croyons-nous, le « tableau des coefficients » établi en ue de l'évaluation forfaitaire des bénéfices imposables; ce tableau a été publié au *Journal Officiel*, du 13 mars 1921).

Le « *registre du commerce* », tenu au greffe de chaque Tri-unal de commerce (ou à défaut, au greffe du Tribunal civil) ar application de la loi du 18 mars 1919, auprès duquel sont mmatriculés tous les commerçants français et étrangers yant principal établissement ou succursale en France, insi que toutes les sociétés commerciales françaises ou étran-ères ayant principal établissement ou succursale en France, era également consulté avec profit lorsque des doutes exis-eront sur le point de savoir si les revenus d'une profession éterminée sont ou ne sont pas assujettis à la cédule indus-rielle et commerciale.

Marchands de biens. — Les marchands de biens qui achètent es immeubles, en leur nom, et en deviennent, en conséquence, ropriétaires, au regard de l'administration, ne doivent pas impôt sur le chiffre d'affaires, lorsqu'ils revendent ces immeu-les, car ils ne font pas, en pareil cas, acte de commerce. Mais, ils ne se font donner par les propriétaires que de simples man-ats pour vendre les immeubles, au nom de ces propriétaires, s doivent être considérés comme tenant une agence de vente immeubles et sont soumis, par suite, tant à l'impôt sur le niffre d'affaires, qu'à l'impôt sur les bénéfices industriels et mmerciaux «. (Réponse du Ministre des Finances nº 4.630. ournal Officiel, 16-10-1920).

Architectes et experts. — Les professions d'architecte et expert ne sont pas commerciales; ceux qui les exercent, à la condition qu'ils restent dans les limites du cadre normal de ces professions, ne sont pas assujettis à l'impôt institué par le titre I⁰ʳ de la loi du 31 juillet 1917, sur les bénéfices industriels et commerciaux. (Réponse du Ministre des Finances n⁰ 6.252. *Journal Officiel*, 26-1-1921).

Agents d'assurances. — Les agents généraux d'assurances qui représentent une ou plusieurs compagnies dans une région déterminée, et qui ne traitent aucune affaire en leur nom personnel, mais seulement au nom des compagnies dont ils sont les mandataires, ne sont pas, d'après la jurisprudence, des commerçants; ils échappent donc, pour les opérations qu'ils font en cette qualité, à l'impôt cédulaire sur les bénéfices industriels et commerciaux; *mais*, les agents d'assurances, agents généraux ou autres, qui agissent en qualité *d'intermédiaires libres*, pour leur compte personnel, sont passibles de l'impôt cédulaire sur les bénéfices industriels et commerciaux. (Réponse du Ministre des Finances n⁰ 7.795. *Journal Officiel*, 25 mars 1921).

Représentants de commerce. —Les intermédiaires de commerce doivent être considérés comme exerçant une profession commerciale et soumis par suite, à l'impôt sur les bénéfices industriels et commerciaux, lorsque, prêtant leur entremise pour l'achat ou la vente de marchandises sans être liés par aucun engagement, ils perçoivent indifféremment une commission de l'acheteur ou du vendeur, ou lorsque, opérant sur l'ordre et pour le compte d'autrui, ils agissent en leur nom et sous leur responsabilité; bien qu'en effet, dans l'une et l'autre hypothèse, ils n'achètent ni ne vendent pour leur propre compte, c'est pour leur compte que sont effectuées les opérations de courtage et de commissions auxquelles ils se livrent et qui sont, par elles-mêmes, des actes de commerce.

Mais, lorsqu'ils opèrent pour le compte d'une ou plusieurs maisons sans s'engager eux-mêmes et qu'ils ne reçoivent de rémunérations que de ces maisons, ils doivent être considérés, s'ils conservent la liberté de leurs agissements, comme exerçant une profession non commerciale, qu'ils travaillent seuls, ou en société, avec ou sans employés; dans ce cas, leurs bénéfices professionnels doivent être soumis à l'impôt sur les bénéfices des professions non commerciales. S'ils sont, enfin, placés sous l'entière dépendance des maisons qui les occupent, ils doivent être considérés comme des salariés et assujettis à l'impôt sur les traitements et salaires. (Réponse du Ministre des Finances, n° 5.758. *Journal Officiel*, 9 mars 1921).

Médecin aliéniste. — L'impôt sur le revenu établi par l'article 2 de la loi du 31 juillet 1917, sur les bénéfices des professions commerciales et industrielles, n'est pas applicable au médecin aliéniste exploitant et dirigeant personnellement une maison de santé exclusivement réservée aux aliénés qui y sont hospitalisés moyennant une redevance globale, variable avec le caractère de la maladie, le logement, la nourriture et l'importance des services.

La fourniture aux malades du logement, de la nourriture, du chauffage, de l'éclairage et du service domestique, n'est qu'une conséquence nécessaire du genre de traitement appliqué et ne saurait, dès lors, changer le caractère de la profession exercée. (Conseil de Préfecture de la Seine 5 décembre 1922. *Gazette du Palais*, 12 janvier 1923).

Les médecins. — Les médecins qui dirigent une maison de santé et donnent personnellement leurs soins aux malades qui y sont en traitement, doivent, si l'objet principal de leur entreprise réside dans l'exercice de leur art, être considérés comme se livrant seulement à l'exercice de la médecine et soumis, pour l'ensemble de leurs bénéfices professionnels, à l'impôt sur les bénéfices des professions non commerciales, alors même qu'ils emploieraient un personnel domestique et infirmier attaché à l'établissement, et qu'ils utiliseraient accessoirement le concours d'un médecin appointé. Mais, si les bénéfices qu'ils réalisent ont leur source principale dans la fourniture du logement et de l'entretien aux pensionnaires de la maison de santé qu'ils dirigent ou dans le travail d'un confrère chargé de la plus grande partie des soins réclamés par les malades, les opérations auxquelles ils se livrent revêtent le caractère de spéculations commerciales, et les profits qu'ils en retirent doivent être soumis, pour la totalité, à l'impôt sur les bénéfices industriels et commerciaux. (Réponse du Ministre des Finances, n° 14.634. *Journal Officiel* du 9 novembre 1922).

Agents d'affaires. — Les agents d'affaires et notamment ceux qui s'occupent des affaires ci-après désignées : rédaction d'actes, partages et liquidations, vente et gérances d'immeubles, assurances, prêts et formalités hypothécaires, etc., sont des commerçants et comme tels sont soumis à l'impôt sur les bénéfices industriels et commerciaux.(Réponse du Ministre des Finances n° 5.810. *Journal Officiel*, 9 février 1921).

Exploitants de marais-salants. — Les exploitants de marais-salants sont considérés par l'Administration des contributions directes, comme exerçant une profession industrielle et, comme tels, susceptibles d'être assujettis, à raison de leurs bénéfices professionnels, à l'impôt cédulaire sur les bénéfices industriels et commerciaux; par voie de conséquence, et conformément aux dispositions de l'article 59 de la loi du 25 juin 1920, ces redevables tombent sous le coup de l'impôt sur le chiffre d'affaires. Cette imposition paraît d'ailleurs équitable; en effet, s'il en était autrement, on aboutirait à créer au profit des exploitants des marais-salants un régime de faveur contre lequel les exploitants des salines de l'Est, qui ne bénéficieraient pas du même avantage, seraient en droit de s'élever. (Réponse du Ministre des Finances n° 7.687. *Journal Officiel* du 25-3-1921).

Laitiers nourrisseurs.—Les laitiers nourrisseurs exercent une profession assujettie à l'impôt sur les bénéfices industriels et commerciaux. *Toutefois*, si des laitiers nourrissent, sinon exclusivement, du moins principalement, leur bétail avec des produits de leur exploitation agricole, et s'ils n'utilisent, par suite, qu'à titre accessoire, et simplement comme aliment complémentaire, des produits achetés dans le commerce, la vente du lait (ou du bétail) ne serait pas considérée comme un acte de commerce. (Réponse du Ministre des Finances n° 5.415. *Journal Officiel*, 19-1-1921).

Commerçants et industriels étrangers. — Les commerçants et industriels étrangers ayant en France, *soit* leur établissement principal, *soit* une succursale ou une agence, quelles que soient les conditions de leur installation, sont passibles des mêmes impôts directs (contribution des patentes, impôt sur les bénéfices industriels et commerciaux) que les commerçants français, et, en droit, ils ne jouissent, à cet égard, d'aucun privilège. (Réponse du Ministre des Finances n° 5.902. *Journal Officiel*, 2-2-1921).

§ II. Le lieu de l'imposition. — Selon les dispositions de l'article 3 du titre Ier de la loi du 31 juillet 1917, l'impôt est établi au nom de chaque exploitant, pour l'ensemble de ses entreprises exploitées en France, au *siège de la Direction des entreprises*, ou à défaut, au *lieu du principal établissement*; l'impôt fait donc l'objet d'une *cote unique pour chaque contribuable*, peu importe que celui-ci ait une, ou plusieurs entreprises sises sur le territoire français.

§ III. Comment l'impôt est-il établi ? — Selon les termes de l'article 2 du titre Ier de la loi du 31 juillet 1917, « il est établi un impôt annuel sur les bénéfices des exploitations commerciales et industrielles, réalisés pendant l'année précédente, ou dans la période de 12 mois dont les résultats auront servi à l'établissement du dernier bilan lorsque cette période ne coïncide pas avec l'année civile ».

En d'autres termes, l'impôt est dû chaque année et est calculé d'après les bénéfices réalisés durant l'année (ou l'exercice) qui a précédé celle de l'imposition; ainsi : l'impôt dû au titre de l'année 1921 est calculé d'après les bénéfices réalisés durant la période comprise, *soit* entre le 1er janvier 1920 et le 31 décembre 1920, *soit* entre le 1er juillet 1919 et le 30 juin 1920, soit entre le Ier octobre 1919 et le 30 septembre 1920, etc.

Un commerçant (ou industriel) qui a ouvert sa maison de commerce le 1er janvier 1921, ne saurait être valablement assujetti à l'impôt cédulaire sur les bénéfices industriels et commerciaux, au titre de l'exercice 1921; un tel commerçant, dont les opérations remontent au 1er janvier 1921, est, en effet, dans l'impossibilité de produire à l'administration la déclaration de ses bénéfices de 1920, pour cette excellente raison, que, n'étant pas commerçant en 1920, il n'a pu réaliser un bénéfice commercial quelconque au cours dudit exercice; il ne saurait être valablement assujetti à l'impôt cédulaire sur les bénéfices industriels et commerciaux, avant l'exercice 1922; avant l'expiration du 3e mois de l'année 1922, il devra fournir à l'administration la déclaration des bénéfices par lui réalisés durant l'année 1921; le chiffre par lui déclaré sera pris en considération lors de la détermination de l'impôt dû au titre de l'année 1922.

En apparence, le commerçant dont s'agit semble donc bénéficier d'une exemption fiscale puisqu'il n'est pas assujetti à la cédule commerciale au titre de l'année 1921; cette exemption fiscale est purement apparente, cependant; après avoir examiné la situation du nouveau commerçant, il faut examiner aussi quelle est la situation de la personne qui interrompt l'exercice de sa profession commerciale le 31 décembre 1930, par exemple.

Non seulement la personne qui interrompt l'exercice de sa profession commerciale le 31 décembre 1930, est assujettie à la cédule commerciale au titre de l'année 1930 (d'après les bénéfices de l'année 1929) mais les bénéfices réalisés au cours de l'exercice 1930 permettront encore à l'Administration de déterminer le montant de l'impôt dû par elle, au titre de l'année 1931.

La personne qui est devenue commerçante le 1er janvier 1921 et qui a cessé de l'être le 31 décembre 1930, a été commerçante durant 10 années entières et consécutives; elle aura également été assujettie à la cédule commerciale durant 10 années (1922 à 1931 inclus); sans doute n'a-t-elle pas été assujettie en 1921, alors qu'elle était déjà commerçante, mais elle le sera en 1931, alors qu'elle ne sera plus commerçante !

« Conformément à l'article 2 de la loi du 31 juillet 1917, l'impôt cédulaire sur les bénéfices industriels et commerciaux est dû, chaque année, d'après les bénéfices réalisés au cours de l'année précédente ou dans la période de 12 mois dont les résultats ont été constatés par le dernier bilan annuel des intéressés, lorsque cette période ne coïncide pas avec l'année civile. Tout industriel (ou commerçant) qui s'est retiré des affaires en décembre 1920, par exemple, se trouve dans le cas d'être imposé postérieurement à l'année où il a cessé l'exercice de sa profession, sur le montant des bénéfices qu'il a réalisés au cours de ladite année, c'est-à-dire d'être imposé en 1921, d'après les résultats acquis en 1920. C'est d'ailleurs dans ce sens que le Conseil d'Etat s'est prononcé dernièrement ». (Réponse du Ministre des Finances, n° 10 994. *Journal Officiel* du 15-12-1921).

« Le contribuable qui, en cours d'année, succède à son prédécesseur décédé, pour l'exploitation d'une entreprise commerciale, est seulement passible de l'impôt à raison des bénéfices qu'il a personnellement réalisés au cours de l'année envisagée, puisque l'impôt relatif aux bénéfices faits par le prédécesseur avant son décès, est dû par les héritiers de ce dernier ». (Réponse du Ministre des Finances n° 8.214. *Journal Officiel* 15 mai 1921).

« Le cessionnaire ou le successeur ne doit l'impôt que sur les bénéfices industriels personnellement réalisés; l'impôt afférent aux bénéfices antérieurs est dû par le cédant ou la succession. » (Réponse du Ministre des Finances, n° 8.214. *Journal Officiel*, 15 mai 1921).

« La loi du 31 juillet 1917 dispose qu'il est établi un impôt annuel sur les bénéfices des professions commerciales et industrielles, réalisés pendant l'année précédente et que ses dispositions sont applicables à partir du 1er janvier 1918.
Le commerçant qui a réalisé un bénéfice en 1917 est soumis à l'impôt et le fait qu'il a cessé d'exercer son commerce le 31 décembre 1917, n'est pas de nature à faire obstacle à l'application de cette règle ». (Conseil d'Etat, 18 novembre 1921. *Gazette du Palais*, 10 octobre 1922).

§ IV. De la détermination du bénéfice imposable. — Lorsque l'entreprise est exploitée par une Société obligatoirement tenue de communiquer son bilan à l'administration de l'enregistrement, (Sociétés anonymes et Sociétés en commandite par actions) l'imposition est obligatoirement établie d'après le *montant des bénéfices effectivement réalisés* durant l'année (ou l'exercice) qui a précédé celle de l'imposition.

Lorsque l'entreprise est exploitée par une autre Société, (Société en nom collectif, Société en commandite simple, association en participation) ou par un particulier, l'imposition est établie : *soit* d'après le montant des bénéfices effectivement réalisés durant l'année qui a précédé celle de l'imposition, *soit* d'après le bénéfice forfaitairement évalué, par application au chiffre d'affaires de l'année antérieure à celle de l'imposition d'un coefficient approprié.

I. Imposition établie d'après les bénéfices effectivement réalisés. — Les assujettis qui entendent être taxés d'après leur « *bénéfice récl* », doivent adresser ou remettre, au contrôleur des contributions directes, avant le 1er avril de chaque année, un résumé de leur compte de profits et pertes de l'année précédente ; ils doivent, en même temps, s'engager à fournir toutes justifications utiles.

Selon les termes de l' « Instruction Administrative » du 30 mars 1918 (article 9) « l'impôt est établi sur le *bénéfice net* des exploitations industrielles et commerciales ; par « *bénéfice net* » on entend : l'excédent des recettes réalisées, pour une période déterminée, sur les frais et charges ayant grevé l'entreprise pendant la période envisagée ».

Recettes réalisées. — (Instruction administrative du 30 mars 1918, article 10). Les recettes d'une entreprise s'entendent, selon les usages du commerce, de *toutes les sommes reçues* et *créances acquises* pour prix des marchandises vendues ou des services prêtés. Accessoirement, le *produit de toutes opérations lucratives* se rattachant à l'exercice de la profession, entre également dans le montant des recettes.

Remarque. — Plus-value d'un élément de l'actif. — Réalisation de cette plus-value. — « L'administration estime que la plus-value acquise par les bâtiments ou le matériel d'une entreprise industrielle ou commerciale doit être considérée, lorsqu'elle est réalisée, comme un élément du bénéfice de l'entreprise et comprise, à ce titre, dans les bases de l'impôt sur les bénéfices industriels et commerciaux et le cas échéant, dans les bases de l'impôt général sur le revenu dû par l'exploitant. La plus-value dont il s'agit doit d'ailleurs s'entendre de l'excédent du prix de vente sur le prix d'achat ou de revient, à l'exclusion toutefois de la part d'accroissement de valeur qui aurait été acquise antérieurement au début de l'année ou de l'exercice dont les résultats ont été retenus pour la première fois pour l'établissement de chacun des impôts en question. » (Réponse du Ministre des Finances n° 6.564 *Journal Officiel*, 9-2-1921).

Frais et charges ayant grevé l'entreprise. — Du total des recettes, doivent être retranchées en vue de dégager le bénéfice net de l'entreprise, toutes les dépenses consenties pour assurer le fonctionnement de l'exploitation ou résultant des charges qui incombent à l'entreprise, que ces dépenses aient été payées ou que l'entreprise en reste débitrice (article 11. Instruction Administrative 30 mars 1918).

A) Dépenses qui peuvent être considérées comme des charges de l'entreprise.— Lorsque l'exploitation a pour objet la vente de marchandises, les dépenses à déduire du montant des recettes comprennent tout, d'abord, *s'il s'agit de marchandises achetées,* le coût de ces marchandises, c'est-à-dire leur prix d'achat majoré des frais accessoires de commission, transport, assurance, etc.; *s'il s'agit de marchandises fabri-*

quées, le coût des matières premières et des divers produits consommés, ainsi que les frais de main-d'œuvre et autres frais spéciaux de fabrication. Le chiffre obtenu après cette première déduction exprime le « *bénéfice brut* » de l'exploitaton. Pour connaître le « *bénéfice net* » de l'exploitation, il y a lieu de déduire du « *bénéfice brut* » :

1º Les appointements et salaires des employés et ouvriers; les commissions et courtages, versés en espèces ou en nature·

Un commerçant, ou industriel, peut-il attribuer un salaire à sa femme et à ses enfants (employés dans l'entreprise) et tenir compte des sommes ainsi versées pour l'établissement de son bénéfice net ?

« Toutes les fois qu'un emploi véritable sera effectivement occupé par la femme ou l'enfant du commerçant, alors qu'à leur défaut, il devrait être occupé par une autre personne, leur salaire devra être déduit, et, si le salaire n'est pas versé, on déduira une somme représentative, déterminée par comparaison avec le salaire d'un employé remplissant des fonctions analogues dans le magasin voisin ». (Déclaration du Ministre des Finances. Chambre des Députés. Séance du 6 juillet 1908).

« Les appointements effectivement payés par un commerçant ou industriel à ses enfants majeurs, employés dans son établissement, sont susceptibles d'être compris dans les frais généraux de l'exploitation au point de vue de l'assiette de l'impôt cédulaire sur les bénéfices industriels et commerciaux. Mais on ne peut considérer comme constituant une charge effective, pour un commerçant, les émoluments qu'il attribue à sa femme ou à ses enfants mineurs qui vivent avec lui et n'ont pas d'intérêts distincts des siens ». (Réponse du Ministre des Finances nº 26.450. *Journal Officiel* du 28-1-1919).

« Le salaire attribué par un commerçant à l'un de ses fils, peut être considéré comme une charge de l'entreprise et, par suite être déduit du bénéfice, pour l'assiette de l'impôt, si ce fils tient réellement, dans l'établissement, la place d'un employé et, si le salaire lui est effectivement versé ». (Réponse du Ministre des Finances n° 6.897. *Journal Officiel* du 16-2-1921 et n° 7 767 *Journal Officiel*, 25-3-1921).

« Conformément à la jurisprudence du Conseil d'Etat, les appointements alloués par un commerçant à sa femme ou à ses enfants, peuvent être considérés comme une charge de l'entreprise et par suite, être déduits du bénéfice pour l'assiette de l'impôt sur les bénéfices industriels et commerciaux, *si* les intéressés tiennent réellement la place d'employés dans l'établissement et *si* les appointements qui leur sont attribués leur sont effectivement versés». (Réponse du Ministre des Finances n° 14.037. *Journal Officiel* 22-2-1922).

2° Les participations aux bénéfices allouées aux employés constituent des suppléments de salaires; il y a donc lieu de les déduire pour le calcul du bénéfice imposable.

En ce qui concerne l'impôt cédulaire sur les bénéfices industriels et commerciaux, et l'impôt général sur le revenu, la part des bénéfices attribuée par un industriel (ou commerçant) à ses employés, non associés, n'est pas à retenir dans le montant du bénéfice à raison duquel le chef d'entreprise est personnellement imposable ». (Réponse du Ministre des Finances, n° 3.633. *Journal Officiel*, 27-5-1921).

« La part des bénéfices qu'un industriel (ou commerçant) alloue à ses employés, non associés, constituant en réalité un supplément de salaires, il y a lieu de la déduire, au même titre que les autres charges, du produit brut de l'entreprise, pour la détermination du bénéfice net devant servir de base à l'impôt sur les bénéfices industriels et commerciaux ». (Réponse du Ministre des Finances n° 9.704. *Journal Officiel*, 19-10-1921).

3° Le loyer des immeubles affectés à l'exploitation industrielle et commerciale, si l'exploitant est locataire des immeubles dont s'agit; le « revenu net » imposable à la contribution foncière, si l'exploitant est propriétaire des immeubles en question. (Instruction administrative du 30 mars 1918, art. 23)

« L'article 4 de la loi du 31 juillet 1917 stipulant, sans aucune restriction, que le bénéfice net susceptible de servir de base à l'impôt sur les bénéfices industriels et commerciaux doit être déterminé sous déduction de la valeur locative des immeubles affectés à l'exploitation, cette valeur locative doit être déduite des bénéfices réalisés, que ces immeubles soient cotisés ou non à la contribution foncière. Cette dernière alternative ne peut d'ailleurs se rencontrer que lorsqu'il s'agit de propriétés temporairement affranchies de l'impôt foncier et, dans ce cas, c'est en raison même des dipositions législatives qui leur confèrent l'exemption, que ces propriétés se trouvent n'être atteintes directement par aucun impôt. D'autre part, la valeur locative à déduire des bénéfices des entreprises est, en principe, la valeur locative réellé et actuelle des immeubles. *Mais*, cette déduction exclut celle des dépenses constituant une charge de la propriété (entretien, assurance, amortissement des bâtiments, etc.), et pratiquement, il est plus simple d'admettre en déduction les dites dépenses et de ne retrancher ensuite du bénéfice que le « *revenu net* » soumis à la contribution foncière ou susceptible de lui servir de base au moment où elle sera établie ». (Réponse du Ministre des Finances n° 10.554. *Journal Officiel* du 29-11-1921).

4° Les frais d'expédition, de correspondance, de bureau et de publicité, les frais de voyage.

Un commerçant ou industriel, tenu de se déplacer pour effectuer ses achats, ses ventes, et visiter sa clientèle, peut-il comprendre dans ses frais généraux, (c'est-à-dire déduire de son bénéfice brut) ses frais de voyage, d'hôtel, ses frais divers nécessités par ses rapports avec la clientèle ?

« Le bénéfice net d'une entreprise industrielle ou commerciale doit être déterminé, pour l'assiette de l'impôt, sous déduction de toutes les dépenses faites par l'exploitant pour assurer le fonctionnement de son entreprise. Il s'ensuit que l'industriel ou le commerçant qui se déplace lui-même pour effectuer des achats ou des ventes de marchandises, est fondé à déduire de son bénéfice, pour l'établissement de l'impôt cédulaire sur les bénéfices industriels et commerciaux, ses frais de voyage et de transport, ses frais d'hôtel et de représentation, ainsi que les frais que lui occasionnent ses rapports avec la clientèle, dans la mesure où ces frais représentent des dépenses d'exploitation et non des dépenses personnelles. Le service des contributions directes peut, d'ailleurs, valablement demander des explications à cet égard, à l'intéressé ». (Réponse du Ministre des Finances n° 19.913. *Journal Officiel* 15-12-1921).

5° Les dépenses d'entretien du matériel et du mobilier, les amortissements généralement admis (matériel et installations).

6° Les frais d'éclairage et de chauffage.

7° Les impôts afférents à l'entreprise.

« Lorsque l'impôt sur les bénéfices industriels et commerciaux est établi d'après le « *bénéfice réel* » des exploitants, ce bénéfice doit être déterminé sous déduction de toutes les charges qui grèvent l'entreprise, notamment des impôts y afférents, y compris la taxe sur le chiffre d'affaires ». (Réponse du Ministre des Finances, n° 9.491. *Journal Officiel*, 5 juillet 1921).

8° Les primes d'assurances afférentes à l'exercice de la profession (incendie, accidents, vol, etc...).

« Lorsqu'un contribuable est resté son propre assureur, en affectant annuellement à la garantie contre risques d'incendie de ses usines, une somme égale à celle qu'il devrait payer sous forme de prime, s'il s'adressait à une Compagnie d'assurances, il y a lieu de déduire cette somme lors de la fixation du bénéfice net ». (Commission sup. des bénéfices de guerre, 23 juin 1917. *Gazette du Palais*, 19 septembre 1919).

9° Les intérêts des capitaux prêtés à l'entreprise.

« Les sommes qu'un chef d'entreprise affecte, au cours d'une année déterminée, au paiement des intérêts des capitaux empruntés par lui et engagés dans son entreprise, sont susceptibles de venir en déduction du bénéfice net de ladite entreprise pendant l'année envisagée, alors même qu'elles s'appliqueraient au paiement d'intérêts dus au titre d'années antérieures. (Réponse du Ministre des Finances n° 12.308. *Journal Officiel*, 15-3-1922).

10° Les frais d'entretien des chevaux et voitures.

« Le contribuable débiteur de l'impôt sur les bénéfices industriels et commerciaux est autorisé à déduire des revenus de son commerce les dépenses occasionnées par l'entretien d'un cheval et d'une voiture, *mais seulement* dans la mesure où ces dépenses s'appliquent à son commerce ». (Conseil d'Etat, 23 juin 1922. *Gazette du Palais*, 31 octobre 1922).

B) Dépenses qui ne peuvent être considérées comme des charges de l'entreprise. — 1° Les prélèvements effectués par l'exploitant comme rémunération de son travail personnel, ne peuvent être déduits du bénéfice.

2° Les intérêts des capitaux engagés dans l'entreprise par le ou les exploitants, ne peuvent être déduits du bénéfice.

« Les intérêts des capitaux appartenant en propre au commerçant et engagés par lui dans son entreprise, doivent être considérés, au point de vue fiscal, comme un élément du bénéfice net de ladite entreprise, et compris, par suite, dans les bases de l'impôt sur les bénéfices industriels et commerciaux ». (Réponse du Ministre des Finances n° 6.982. *Journal Officiel*, 16-2-1921).

3° Les bénéfices réservés (non distribués) ne peuvent être déduits du bénéfice.

« Les sommes mises en réserve par une entreprise industrielle ou commerciale, *soit* en prévision d'années déficitaires, *soit* pour toute autre cause, sont prélevées sur le bénéfice de l'entreprise et doivent, par suite, sous quelque forme que l'établissement soit exploité, être soumises à l'impôt sur les bénéfices industriels et commerciaux, établi au nom de l'exploitant. » (Réponse du Ministre des Finances, n° 10.947. *Journal Officiel*, 15-12-1921).

« Alors même qu'elles ne sont pas immédiatement disponibles, les sommes que les exploitants, particuliers ou sociétés, prélèvent sur les bénéfices de l'entreprise, pour la constitution de réserves, quelle que soit la destination de ces dernières, n'en demeurent pas moins des bénéfices de l'exercice et doivent rester comprises dans les bases de l'impôt sur les bénéfices industriels et commerciaux ». (Réponse du Ministre des Finances n° 12.105. *Journal Officiel*, 8 mars 1922).

4° Les pertes subies par un commerçant, au cours d'un exercice, ne peuvent être déduites du montant des bénéfices réalisés par lui, au cours de l'exercice suivant. Un commerçant dont les écritures, au 31 décembre 1920, accusent un déficit de 40.000 francs par exemple, ne peut déduire ce chiffre de 40.000 francs du montant des bénéfices par lui réalisés durant l'exercice suivant.

« D'après la législation en vigueur, l'impôt sur les bénéfices industriels et commerciaux est établi *chaque année sur les bénéfices obtenus au cours de l'année précédente*, ou de la période de 12 mois dont les résultats ont servi à l'établissement du dernier bilan, et ce sont également ces bénéfices qui doivent entrer dans les bases de l'impôt général sur le revenu. Il s'ensuit que, pour l'assiette des impôts envisagés, il y a lieu de considérer isolément les résultats de chaque année ou chaque exercice, et que dans le cas, dès lors, du commerçant visé, les pertes accusées par l'exercice clos le 31-12-1920 ne sauraient être admises, de quelque façon qu'elles soient comptabilisées, en déduction des bénéfices que l'intéressé est susceptible de réaliser au cours des exercices suivants ». (Réponse du Ministre des Finances n° 4.631. *Journal Officiel* 19 octobre 1921).

5° Les sommes inscrites à un « fonds de prévoyance » ne peuvent être déduites du bénéfice.

« Les sommes inscrites à un « fonds de prévoyance » au profit des ouvriers ne peuvent pas être déduites du bénéfice, alors que le contribuable ne peut justifier ni du versement effectif, à ses ouvriers, des sommes provenant de ce fonds, ni de l'engagement de les en faire bénéficier. » (Commission sup. des bénéfices de guerre, 15 juin 1917. *Revue synthétique Commaille*, 1920 n° 3, article 2.772).

II. Imposition établie d'après les bénéfices forfaitairement évalués. — L'assujetti à l'impôt cédulaire sur les bénéfices industriels et commerciaux qui entend être taxé d'après son bénéfice forfaitairement évalué par application au chiffre d'affaires de l'année antérieure à celle de l'imposition, d'un coefficient approprié, est tenu : (article 3. Loi du 25 juin 1920

Si son chiffre d'affaires dépasse 50.000 francs, d'adresser avant le 1er avril de chaque année, au contrôleur des contributions directes, la déclaration écrite de son chiffre d'affaires.

Si son chiffre d'affaires ne dépasse pas 50.000 francs de faire connaître son chiffre d'affaires au contrôleur des contributions directes, si celui-ci le lui demande, et cela dans les 20 jours à dater de la réception de l'avis du contrôleur.

Que faut-il entendre par « chiffre d'affaires »? — Le commerçant ou industriel qui entend être imposé d'après un bénéfice forfaitairement évalué par application au chiffre d'affaires de l'année antérieure à celle de l'imposition d'un coefficient approprié, doit-il indiquer à l'administration des contributions directes, le montant total des sommes définitivement encaissées au cours de l'année, sans opérer aucune déduction, ou doit-il au contraire, déduire de son chiffre d'affaires, le montant des sommes versées au trésor par application de la taxe sur le chiffre d'affaires introduite par la loi du 25 juin 1920 ?

Le commerçant dont s'agit doit indiquer à l'administration le montant total des sommes définitivement encaissées par lui, au cours de l'année, sans opérer aucune déduction

« Le chiffre d'affaires est constitué, pour les personnes vendant des marchandises, denrées, fournitures, ou objets quelconques, par le montant total des ventes effectivement et définitivement réalisées; or, par affaires réalisées, il faut entendre le montant brut des prix des ventes effectuées, sans aucune déduction quelconque, soit pour la valeur des emballages, soit pour frais d'expédition, impôts et autres dépenses ». (Réponse du Ministre des Finances n° 4.699. *Journal Officiel*, 23.11-920).

« Le chiffre d'affaires susceptible d'être retenu pour la détermination des bases de l'impôt sur les bénéfices industriels et commerciaux, doit s'entendre du produit total des ventes réalisées; il doit, par suite comprendre tous les éléments constitutifs du prix des marchandises vendues et, par conséquent, le montant total des frais incorporés dans ce prix, sans qu'il y ait lieu d'en excepter les droits et contributions payés par les vendeurs; cette règle a une portée générale et elle est susceptible de recevoir son application à l'égard du négociant en vins, entrepositaire, aussi bien en ce qui concerne l'impôt cédulaire qu'en ce qui touche la taxe sur le chiffre d'affaires » (Réponse du Ministre des Finances, n° 12.441. *Journal Officiel*, 23 mai 1922).

« Lorsque l'impôt sur les bénéfices industriels et commerciaux est établi d'après le « bénéfice réel » des exploitants, ce bénéfice doit être déterminé sous déduction de toutes les charges qui grèvent l'entreprise, notamment les impôts y afférents et il y a lieu par suite de tenir compte de l'impôt sur le chiffre d'affaires; mais dans le cas où le bénéfice des assujettis est évalué en fonction de leur chiffre d'affaires, ce dernier élément doit s'entendre du montant total des ventes réalisées et il ne peut, par suite, être question d'en déduire la fraction correspondant au montant de l'impôt sur le chiffre d'affaires, dont il a été tenu compte pour l'établissement des prix de vente ». (Réponse du Ministre des Finances, n° 9.491. *Journal Officiel*, 5-7-1921).

A qui appartient-il de fixer le coefficient applicable au chiffre d'affaires ? — Les coefficients dont l'application au chiffre d'affaires doit faire ressortir le bénéfice imposable, sont arrêtés pour les diverses professions, par une Commission instituée au Ministère des Finances et composée de magistrats, de fonctionnaires et de représentants du commerce et de l'industrie; ils sont en principe fixés pour une période de 3 ans.

Pour chaque profession, il peut être établi, *soit* un coefficient unique, *soit* un coefficient maximum et un coefficient minimum; dans ce dernier cas, le contrôleur doit faire choix, en tenant compte des conditions de fonctionnement de chaque entreprise, d'un coefficient compris entre les limites fixées.

Dans certains cas particuliers, le contrôleur peut faire usage d'un coefficient supérieur au coefficient unique ou au coefficient maximum; il lui appartient, dans ce cas, s'il y a contestation, de prouver devant les tribunaux administratifs que le coefficient dont il a fait usage n'est pas exagéré.

De même, à la condition de fournir toutes les justifications nécessaires, l'assujetti peut réclamer l'application d'un coefficient inférieur au coefficient unique ou au coefficient minimum ». (Instructions officielles du Ministère des Finances. Direction des Contributions directes, page 5).

L'administration n'est pas tenue d'appliquer le même coefficient aux différents contribuables d'une même commune, exerçant la même profession. — Les coefficients applicables au chiffre d'affaires pour la détermination du bénéfice servant de base à l'impôt sur les bénéfices industriels et commerciaux, doivent être choisis de manière à obtenir une évaluation se rapprochant autant que possible du bénéfice réel des intéressés et en tenant compte, notamment, des circonstances particulières de nature à accroître ou restreindre les profits de chaque entreprise; il s'ensuit qu'ils ne sont pas nécessairement les mêmes pour des professions appartenant à une même catégorie et, d'autre part, qu'ils peuvent varier d'une année à l'autre pour une même entreprise ». (Réponse du Ministre des Finances, n° 10.810. *Journal Officiel* 6-12-1921).

Coefficient supérieur au coefficient maximum. — L'évaluation des bénéfices industriels et commerciaux obtenue par application d'un coefficient approprié au chiffre d'affaires, devant s'approcher autant que possible du bénéfice effectivement réalisé par les redevables, on ne peut la considérer comme une évaluation forfaitaire définitive. Par suite, si elle est reconnue *insuffisante*, un supplément d'imposition peut valablement être établi, en vertu de l'article 11 de la loi du 31 juillet 1917, alors même, d'ailleurs, que le coefficient primitivement adopté, serait égal au coefficient maximum fixé pour la profession envisagée. Mais si, pour fixer les nouvelles bases d'imposition, le contrôleur fait choix d'un nouveau coefficient supérieur à ce maximum, *il est, bien entendu, tenu*, en cas de contestation, de prouver que le nouveau coefficient n'est pas exagéré. (Réponse du Ministre des Finances n° 15.010. *Journal Officiel*, 30 novembre 1922).

§ V. Calcul de l'impôt. — Selon les termes de l'article 1er de la loi du 25 juin 1920, la fraction du bénéfice imposable comprise entre

$$1 \text{ et } 1.500 \text{ fr. est comptée pour } 1/4$$
$$1.500 \text{ et } 5.000 \text{ fr.} \quad — \quad — \quad 1/2$$

Le surplus du bénéfice est compté pour la totalité .
Le taux de l'impôt est fixé à 8 %.

N. B. — *En d'autres termes*, le taux de l'impôt est de :

2 % pour la fraction du bénéfice comprise entre   1 et 1.500 fr.
4 %   —   —   —   entre 1.500 et 5.000 fr.
8 % pour le surplus du bénéfice.

Application numérique. — Comment sera taxé un industriel ayant réalisé un bénéfice net de 25.000 francs durant l'année immédiatement antérieure à celle de l'imposition ?

La fraction du bén. entre   1 et 1.500 $= 1.500 \times 2 \% =$ 30 fr.
     —   —   1.500 et 5.000 $= 3.500 \times 4 \% =$ 140 fr.
Le surplus du bénéfice .... $20.000 \times 8 \% = 1.600$ fr.

                                   Total..... 1.770 fr.

Impôt à payer : 1.770 francs (sauf réductions pour charges de famille).

Taux de l'impôt. — L'impôt sur les bénéfices industriels et commerciaux est basé chaque année sur le montant des bénéfices réalisés au cours de l'année précédente. mais les cotisations doivent être calculées d'après les règles en vigueur pour l'année au titre de laquelle elles sont établies. Par suite, le taux de 8 % fixé pour le calcul de l'impôt, par l'article 1er de la loi du 25 juin 1920, étant entré envigueur le 1er janvier 1920, en vertu de l'article 11 de la même loi, il doit être appliqué pour l'établissement des impositions dues au titre de l'année 1920, bien qu'elles aient pour base les bénéfices réalisés en 1919. (Réponse du Ministre des Finances, n° 7.368. *Journal Officiel*, 1er mars 1921).

Remarque. — Ouvriers travaillant chez eux ou chez les particuliers, sans compagnons, ni apprentis. — Selon les termes de l'article 13 de la loi du 31 juillet 1917, « ne sont assujettis à l'impôt sur les bénéfices des professions industrielles et commerciales *que sur la portion de ces bénéfices dépassant* 1.500 francs les ouvriers travaillant chez eux ou chez les particuliers, sans compagnons ni apprentis, *soit* qu'ils travaillent à façon, *soit* qu'ils travaillent pour leur compte avec des matières à eux appartenant, qu'ils aient ou non une enseigne ou une boutique ;

« Les ouvriers travaillant en chambre avec un apprenti de moins de 16 ans ; la veuve qui continue, avec l'aide d'un seul ouvrier ou d'un seul apprenti la profession précédemment exercée par son mari ;

« Les personnes qui vendent en ambulance, dans les rues, dans les lieux de passage et dans les marchés, des marchandises de faible valeur ou de menus comestibles ;

« Les pêcheurs, lors même que la barque qu'ils montent leur appartient.

« Ne sont point considérés comme compagnons ou apprentis :

la femme travaillant avec son mari, ni les enfants non mariés travaillant avec leurs père et mère, ni le simple manœuvre dont le concours est indispensable à l'exercice de la profession ».

Calcul de l'impôt. — D'après les dispositions combinées des articles 12 et 13 de la loi du 31 juillet 1917, ainsi que de l'article 1er de la loi du 25 juin 1920, l'impôt sur les bénéfices industriels et commerciaux dont peuvent être rédevables les ouvriers travaillant sans compagnon, ni apprenti, doit être calculé de la manière suivante : la portion du bénéfice réalisé qui n'excède pas 1.500 francs est entièrement affranchie d'impôt; la portion comprise entre 1.500 francs et 5.000 francs est comptée pour moitié et le surplus pour son intégralité; au total des sommes ainsi obtenues, est appliqué le taux de 8 % ». (Réponse du Ministre des Finances, n° 5.431. *Journal Officiel* du 20-12-1922).

§ VI. Réductions pour charges de famille. — (Voir chapitre VII : *Dispositions communes*).

§ VII. — **Majorations et suppléments d'impôt.** — *a*) *Déclarations tardives.* — (Loi du 25 juin 1920— article 3). —Tout assujetti à l'impôt cédulaire sur les bénéfices industriels et commerciaux, dont le chiffre d'affaires annuel dépasse 50.000 francs, qui a négligé, soit de communiquer son compte de profits et pertes, soit d'indiquer son chiffre d'affaires, *avant le* 1er *avril* de chaque année, est passible d'une majoration d'impôt de 10 % (à cette pénalité il est ajouté deux décimes et demi par application de l'article 110 de la loi du 25 juin 1920).

Tout assujetti à l'impôt cédulaire sur les bénéfices industriels et commerciaux, qui néglige de faire connaître son chiffre d'affaires (*que celui-ci soit supérieur ou inférieur à* 50.000 *francs, peu importe*) au contrôleur des contributions directes, dans *les* 20 *jours* à dater de la réception de l'avis dudit contrôleur, est taxé d'office et est passible d'une majoration d'impôt de 50 % (à cette pénalité il est ajouté deux décimes et demi par application de l'article 110 de la loi du 25 juin 1920).

« Les dispositions de l'article 9 de la loi du 31 juillet 1917, modifié par l'article 3 de la loi du 25 juin 1920, doivent être interprétées comme suit :

Lorsqu'un contribuable dont le chiffre d'affaires dépasse 50.000 francs n'a pas spontanément déclaré ce chiffre d'affaires avant le 1er avril, l'impôt dont il est redevable est majoré de 10 %. Si le même contribuable persiste à ne pas faire sa déclaration malgré l'invitation qui lui est régulièrement adressée, l'impôt est majoré de 50 % ; cette seconde majoration ne se superpose pas à la première ». (Réponse du Ministre des Finances, 10.855. *Journal Officiel*, 15-12-1921).

b) *Déclarations insuffisantes.*— Tout assujetti à l'impôt cédulaire sur les bénéfices industriels et commerciaux qui fournit une déclaration inexacte, insuffisante, est passible d'une majoration déterminée comme suit :

L'impôt est doublé quant à la fraction du bénéfice imposable que l'inexactitude constatée tendait à dissimuler (à cette pénalité, il est ajouté deux décimes et demi par application de l'article 110 de la loi du 25 juin 1920). Il faut, cependant, pour qu'il en soit ainsi, qu'il soit constaté *une dissimulation* supérieure au dixième du bénéfice imposé, ou supérieure à 20.000 francs.

c) *Taxation insuffisante.* — Lorsqu'une insuffisance de taxation est découverte, après l'établissement du rôle, un supplément d'impôt correspondant à l'insuffisance constatée, et comportant s'il y a lieu, l'application du double droit, peut être réclamé, *soit* dans l'année même de l'imposition, *soit* pendant les *cinq* années suivantes.

« D'après les dispositions en vigueur, les omissions et insuffisances de droits, constatées en matière d'impôts sur les revenus, peuvent, quelle qu'en soit la cause, être valablement réparées jusqu'à l'expiration de la cinquième année suivant celle au cours de laquelle l'imposition aurait dû être établie. D'autre part. si l'insuffisance constatée dépasse la limite fixée par la loi et *si elle autorise à suspecter la bonne foi des redevables*, ceux-ci peuvent être appelés à supporter les majorations de droits, prévues en pareil cas. Ces dispositions ont une portée générale et, lorsqu'en particulier, les bénéfices professionnels d'un contribuable, déterminés par application d'un coefficient à son chiffre d'affaires, ont fait l'objet d'une évaluation insuffisante, l'administration est fondée, quelles que soient les conditions dans lesquelles le coefficient a été primitivement fixé, à poursuivre, dans le délai sus-indiqué, le recouvrement des droits et des majorations de droits, dus par l'intéressé au titre de l'impôt cédulaire et de l'impôt général sur le revenu ». (Réponse du Ministre des Finances n° 4.866. *Journal Officiel*, 1-3-1922).

§ VIII. **Les pièces comptables des contribuables sont soumises au contrôle de l'administration.** — *Loi du 31 juillet 1920, article 32.* — Pour permettre le contrôle des déclarations d'impôt, et la recherche des omissions ou fraudes qui auraient pu être commises, dans le délai de prescription, tout commerçant faisant un chiffre d'affaires supérieur à 50.000 fr. par an, est tenu de représenter, à toute réquisition des agents du Trésor, ayant du moins le grade de contrôleur ou d'inspecteur-adjoint, les livres dont la tenue est prescrite par le titre II du Code de commerce, ainsi que tous livres et documents annexes, pièces de recettes et de dépenses, etc...

Le refus de communiquer les livres ou leur destruction avant le délai fixé à l'article 11 du Code de commerce, sera constaté par un procès-verbal et soumis aux sanctions établies par l'article 5 de la loi du 17 avril 1906.

« Les termes généraux de l'article 32 de la loi du 31 juillet 1920, permettent à tous les agents du Trésor, ayant au moins le grade de contrôleur des contributions directes ou d'inspecteur-adjoint de l'enregistrement, de rechercher dans tous les livres, documents, pièces de recettes et de dépenses des commerçants faisant un chiffre d'affaires annuel supérieur à 50.000 francs, *les éléments nécessaires au contrôle des déclarations souscrites* pour le paiement de l'impôt; au nombre de ces documents figurent, sans aucun doute, lorsqu'il s'agit d'une banque, les comptes-courants, de dépôts et de nantissements ». (Réponse du Ministre des Finances, n° 13.148. *Journal Officiel*, 14 mai 1922).

Remarque I. — Selon les articles 8 et 9 du Code de Commerce (titre II) : Tout commerçant est tenu d'avoir un livre journal qui présente, jour par jour, ses dettes actives et passives, les opérations de son commerce, ses négociations, acceptations ou endossements d'effets, et généralement tout ce qu'il reçoit et paye, à quelque titre que ce soit, et qui énonce mois par mois les sommes employées à la dépense de sa maison; le tout, indépendamment des autres livres usités dans le commerce, mais qui ne sont pas indispensables.

Il est tenu de mettre en liasse les lettres missives qu'il reçoit et de copier sur un registre celles qu'il envoie.

Il est tenu de faire, tous les ans, sous seing privé, un inventaire de ses effets mobiliers et immobiliers, et de ses dettes actives et passives, et de le copier, année par année sur un registre spécial, à ce destiné.

Remarque II. — Selon les termes de l'article 2 du Code de commerce, tout commerçant doit *conserver durant 10 ans*, les livres dont la tenue est ordonnée par les articles 8 et 9 du même Code.

Remarque III. — L'article 5 de la loi du 17 avril 1906, prévoit :

1° une amende de 1.000 francs à 10.000 francs, en principal; (ces chiffres ont été portés à 1.250 francs et 12.500 francs par l'article 110 de la loi du 25 juin 1920, majoration de 2 décimes et demi).

2° Une astreinte, par chaque jour de retard, de 100 francs au minimum (non soumise aux décimes).

Exercice du droit de contrôle. — Les termes généraux de l'article 32 de la loi du 31 juillet 1920 autorisent incontestablement les agents du Trésor ayant au moins le grade de contrôleur ou d'inspecteur-adjoint, à relever toutes les infractions que la communication des livres et documents du commerçant faisant un chiffre d'affaires supérieur à 50.000 francs peut révéler en matière d'impôts perçus par voie de déclarations. Ces agents peuvent demander la communication de documents, même antérieurs au 1er juillet 1920, pour relever des droits exigibles avant la promulgation de la loi précitée, du moment que cette dernière n'a eu d'autre but que de renforcer les moyens de contrôle de l'administration; on ne saurait invoquer en sens contraire le principe de la non-rétroactivité des lois, car on ne saurait avoir un droit acquis à demeurer en état de contravention à la loi; mais le droit de communication qui résulte dudit article 32, n'est prévu que pour le contrôle des impôts perçus sur déclaration du contribuable ». (Réponse du Ministre des Finances n° 8.920. *Journal Officiel*, 8-6-1921).

« Les dispositions légales qui autorisent, en vue de l'établissement de l'impôt, les agents des services financiers à vérifier la comptabilité des redevables, n'ont prévu aucune restriction au sujet des conditions dans lesquelles le droit de recherche peut être exercé. Rien ne s'oppose, en particulier, à ce que les agents recueillent des renseignements que leurs investigations leur permettent de découvrir sur le compte d'autres contribuables. Au reste, la faculté de prendre, dans l'exercice du droit de communication, des notes ou des copies des documents communiqués, avait déjà été consacrée antérieurement par un arrêt de la Cour de Cassation du 27 mars 1901 ». (D. 1901-1-494). (Réponse du Ministre des Finances, n° 7.850. *Journal Officiel*, 20-4-1921).

§ IX. Demandes en décharge et en réduction. — Tribunal compétent. — Procédure. — (Voir : Chapitre VII : *Dispositions communes*).

§ X. Indications relatives aux sociétés. — a) *Sociétés en nom collectif.*— Lorsqu'une entreprise industrielle ou commerciale est exploitée par une Société en nom collectif, l'impôt est établi au nom de la *raison sociale*. L'impôt est déterminé, *soit* d'après le « bénéfice réel », *soit* d'après le bénéfice forfaitairement évalué par application au chiffre d'affaires d'un coefficient approprié.

1° *Prélèvements effectués par les associés. —* Le travail des associés en nom collectif, directement intéressés à la prospérité de l'entreprise à laquelle ils collaborent, se trouve rémunéré sur les bénéfices; les sommes allouées à ces associés font, en conséquence, partie intégrante de ce bénéfice et entrent dans le calcul de l'impôt. (Commission sup. des bénéfices de guerre, 26 juillet 1918. *Revue synthétique Commaille*, 1920, n° 3, article 2.753).

2° *Intérêts servis aux apports sociaux. —* Bien qu'aux termes des statuts, ils figurent au compte frais généraux, les intérêts servis aux apports sociaux, de même que les prélèvements opérés par les associés pour rémunération de leur travail personnel, doivent, conformément à la jurisprudence du Conseil d'Etat, être considérés au point de vue fiscal, comme un élément du bénéfice net imposable. (Réponse du Ministre des Finances, n° 11.724. *Journal Officiel*, 1-2-1922).

3° *Charges de famille des associés en nom collectif.* — Lorsqu'une entreprise est exploitée en association, l'impôt sur les bénéfices industriels et commerciaux dont elle est passible, doit, conformément aux dispositions de l'article 3 de la loi du 31 juillet 1917, être établi au nom de la Société comme d'autre part, en vertu de l'article 52 de ladite loi, les contribuables ne peuvent obtenir de dégrèvement à raison de leurs charges de famille, que sur les impôts auxquels ils sont personnellement assujettis, il en résulte que les charges de famille des membres

- des Sociétés en nom collectif et des gérants des Sociétés en commandite simple, ne peuvent, en l'état actuel de la législation, motiver aucune réduction des cotisations dues par la Société dont ils ont partie. (Réponse du Ministre des Finances, n° 11.721. *Journal Officiel*, 7-2-1922 et n° 12.442 *Journal Officiel* du 15-3-1922).

Remarque. — Il y a lieu de remarquer, toutefois, que, au cours de la discussion du projet de loi portant fixation du budget général de l'exercice 1922, la Chambre des Députés a adopté, le 14 décembre 1921, une disposition ayant pour effet de faire bénéficier les associés des sociétés en nom collectif des réductions pour charges de famille; cette disposition, disjointe par le Sénat, se trouve actuellement soumise aux délibérations de la Haute-Assemblée.

b) *Sociétés en commandite simple.* — Lorsqu'une entreprise est exploitée par une Société en commandite simple, l'impôt est établi au nom de la raison sociale; il est déterminé, *soit* d'après le bénéfice réel, *soit* d'après le bénéfice forfaitairement évalué par application au chiffre d'affaires d'un coefficient approprié.

Intérêts des fonds sociaux. — Les intérêts des capitaux engagés dans une société en commandite simple par les gérants ou les commanditaires, constituent une part des bénéfices de la société; la somme affectée au service de l'intérêt de ces capitaux ne saurait donc être déduite du bénéfice. (Commission sup. des bénéfices de guerre, 20-10-1917. *Revue synthétique Commaille*, 1920, n° 1 article 278)

Rémunération du gérant. — Les intérêts des fonds sociaux versés par le gérant d'une commandite simple et par le commanditaire, de même que *la rémunération du gérant* doivent être compris dans les bénéfices imposables. (Conseil d'Etat 25 juin 1920. *Gazette du Palais*, 1920-2-224).

Assurance contractée par la Société, sur la tête d'un gérant. — Les primes d'une assurance contractée par une Société en nom collectif ou en commandite, sur la tête d'un des associés ou d'un gérant, en garantie du préjudice que son décès entraînerait pour la Société, peuvent-elles être déduites comme frais généraux, des bénéfices assujettis à l'impôt cédulaire sur les bénéfices industriels et commerciaux?

« S'il est bien établi que l'assurance est contractée au profit de la Société et dans l'intérêt de l'industrie sociale, les sommes affectées au paiement des primes peuvent être considérées comme ayant le caractère de frais généraux de l'entreprise ». (Réponse du Minisre des Finances, n° 10.806. *Journal Officiel,* 9-12-1921).

c) *Associations en participation.* — « Dans le cas d'association en participation, l'impôt sur les bénéfices industriels et commerciaux doit être établi, en principe, d'après la totalité des bénéfices, au nom de l'associé-gérant seul responsable, vis-à-vis des tiers, des opérations effectuées par l'association. C'est, dès lors, à cet associé qu'il appartient de remplir les formalités prévues par la loi en vue de l'établissement de l'impôt sur les bénéfices industriels et commerciaux ». (Réponse du Ministre des Finances. n° 11.674. *Journal Officiel du* 22-2-1922).

« Dans le cas d'association en participation, l'impôt sur les bénéfices industriels et commerciaux doit être établi, en principe, d'après la totalité des bénéfices, au nom de l'associé-gérant seul responsable vis-à-vis des tiers, des opérations effectuées par l'association. C'est, dès lors, à cet associé qu'il appartient de remplir les formalités prévues par la loi en vue de l'établissement de l'impôt dont il s'agit, chacun des autres associés devant, bien entendu, comprendre sa part des bénéfices sociaux dans la déclaration qu'il peut avoir à souscrire au titre de l'impôt général sur le revenu. D'autre part, les commerçants dont le chiffre d'affaires dépasse 50.000 francs sont tenus, par l'article 32 de la loi du 31 juillet 1920, de représenter aux agents de l'administration des Finances, ayant au moins le grade de contrôleur ou d'inspecteur-adjoint, les livres dont la tenue est prévue par le titre II du Code de commerce, ainsi que tous les livres et documents annexes, pièces de recettes et de dépenses. Cet article ayant une portée générale, est susceptible, par suite, de recevoir son application à l'égard des associations en participation, quel que soit d'ailleurs le mode choisi par lesdites associations pour l'évaluation de leur bénéfice imposable ». (Réponse du Ministre des Finances, n° 14.610. *Journal Officiel*, 30 novembre 1922).

d) *Société par actions*. — Lorsqu'une entreprise est exploitée par une Société par actions, l'impôt est établi au nom de la Société; il est *obligatoirement* déterminé d'après le montant des « *bénéfices effectivement réalisés* » durant l'année (ou l'exercice) qui a précédé celle de l'imposition.

Gérant d'une Société en commandite par actions. — Les rétributions allouées au gérant d'une société en commandite par actions, sont susceptibles d'être atteintes, suivant le cas, *soit* par l'impôt sur les bénéfices industriels et commerciaux, *soit* par l'impôt sur les traitements et salaires, mais elles ne peuvent, en toute hypothèse, être soumises à la fois à ces deux impôts.

Si le gérant est *associé commandité*, les rétributions qui lui sont allouées, tant à titre de traitement fixe qu'à titre de tantièmes, doivent être considérées comme un élément du bénéfice net de la société et sont, en conséquence, soumises à l'impôt sur les bénéfices industriels et commerciaux établi au nom de cette société ; *mais*, dans ce cas, le gérant, étant un véritable exploitant, ne peut, pas plus qu'un commerçant seul en titre dans sa maison, être redevable de l'impôt sur les traitements et salaires pour les sommes qu'il perçoit en rémunération de sa gestion.

Si, *au contraire, le gérant n'est qu'un simple employé*, les allocations qui lui sont attribuées, sous quelque forme que ce soit, doivent être exclues, en tant que charges de l'entreprise, des bases de l'impôt sur les bénéfices industriels et commerciaux, *mais alors* l'intéressé est lui-même passible de l'impôt sur les traitements et salaires, à raison du montant net des rétributions de toute nature dont il bénéficie ». (Réponse du Ministre des Finances, *Journal Officiel*, 20-3-1918).

Sommes versées à des œuvres sociales. — Une société anonyme peut-elle déduire du montant de ses bénéfices industriels et commerciaux, les sommes que l'assemblée générale des actionnaires a décidé de verser à des œuvres sociales destinées à améliorer le sort de ses employés et ouvriers, étant entendu que la société devra en fournir la justification à l'administration des finances ?

« En principe les subventions allouées par un industriel (ou un commerçant) à des œuvres d'assistance ou de bienfaisance n'ont pas le caractère de dépenses professionnelles et constituent un simple emploi des bénéfices dont le montant doit rester compris dans le produit net de l'entreprise, pour l'établissement de l'impôt sur les bénéfices industriels et commerciaux. Toutefois, s'il est établi que les versements faits par la société anonyme visée dans la question, ont uniquement pour but d'améliorer les conditions d'existence de ses propres employés et ouvriers, ces versements peuvent, dans la mesure où ils correspondent à un supplément de salaires de l'année où ils sont effectués, être considérés comme un charge de l'exploitation, et venir, à ce titre, en déduction des bénéfices sociaux pour l'établissement de l'impôt ». (Réponse du Ministre des Finances, nº 4.983. *Journal Officiel* du 31-3-1922).

« Les sommes employées par la Société, en raison de sa participation à des œuvres diverses organisées par elle, (Société d'habitations économiques, dispensaires, assistance médicale, caisse de secours, distribution de vêtements au personnel, etc.) qui ne constituent pas des œuvres de bienfaisance, ont pour but de faciliter et d'assurer le recrutement de la main-d'œuvre industrielle par la concession d'avantages au personnel et ont le véritable caractère de suppléments de salaires à déduire des bénéfices ». (Commission sup. des bénéfices de guerre, 28-1-1920. *Revue synthétique Commaille*, 1921, nº 4, article 4.491).

Tantièmes. — En ce qui concerne les Sociétés anonymes, les *tantièmes* versés au personnel employé, aux directeurs ne *faisant pas partie du Conseil d'administration*, et même aux administrateurs délégués, en tant que ce versement ré munère spécialement le travail de direction qui leur est confié, ne sont pas compris dans les bénéfices servant de base à l'impôt dû par la Société. (Instruction administrative, 30 mars 1918, article 20).

Les *tantièmes* attribués indistinctement à tous les membres du Conseil d'administration, ne seront pas distraits du bénéfice servant de base à l'impôt dû par la Société; ces tantièmes sont entièrement comparables aux dividendes distribués aux actionnaires et constituent, comme eux, une part du bénéfice social. (Instruction administrative, 30 mars 1918, article 20).

Jetons de présence ou allocations fixes. — Les jetons de présence ou allocations fixes, versés aux membres du Conseil d'administration d'une Société anonyme, en remboursement de leurs frais, doivent figurer dans les frais généraux de la Société; ils ne sont donc pas compris dans le bénéfice servant de base à l'impôt dû par la Société. (Instruction administrative, 30 mars 1918, article 20, note 1).

Réserves. — Les sommes que les exploitants, particuliers ou Sociétés, prélèvent sur les bénéfices de leurs entreprises, pour la constitution de réserves, quelle que soit la destination de ces dernières, n'en demeurent pas moins des bénéfices de l'exercice, et doivent rester comprises dans les bases de l'impôt sur les bénéfices industriels et commerciaux; il en est ainsi, d'ailleurs, pour les *Sociétés de capitaux,* aussi bien que pour les Sociétés de personnes ». (Réponse du Ministre des Finances, n° 12.105. *Journal Officiel,* 8-3-1922).

Réserve légale. — « Bien que n'étant pas immédiatement disponibles, les sommes qu'une Société Anonyme prélève sur ses bénéfices pour la constitution de réserves n'en demeurent pas moins des bénéfices réalisés au cours de l'exercice et doivent, par suite, rester comprises dans les bases de l'impôt sur les bénéfices industriels et commerciaux. Cette règle est susceptible de s'appliquer, en particulier, aux prélèvements affectés à la réserve légale, même lorsque cette dernière n'a pas atteint la limite fixée par la loi ». (Réponse du Ministre des Finances, n° 15.972, *Journal Officiel* du 21 janvier 1923).

Les dividendes perçus par une Société à raison des actions qu'elle possède, ne sont pas compris dans le bénéfice servant de base à l'impôt dû par la Société.

« Le bénéfice net à raison duquel est calculé l'impôt sur les bénéfices industriels et commerciaux, doit, pour éviter la superposition de deux impôts cédulaires être déterminé *sous déduction* du revenu des valeurs et capitaux mobiliers figurant dans l'actif de l'entreprise et déjà atteints par l'impôt perçu en vertu des lois du 28 mars 1914 (titre II) et du 31 juillet 1917 (titre V); il s'ensuit que les dividendes encaissés par une Société à raison des actions qu'elle possède, ne doivent pas être retenus pour la fixation du bénéfice imposable de ladite Société ». (Réponse du Ministre des Finances, n° 13.131. *Journal Officiel*. 14 mai 1922).

Intérêts des « Bons de la Défense Nationale ». — « Le bénéfice net à raison duquel est calculé l'impôt sur les bénéfices industriels et commerciaux, doit, pour éviter la superposition de deux impôts cédulaires, être déterminé sous déduction du revenu des valeurs et capitaux mobiliers figurant dans l'actif des entreprises et déjà atteint par l'impôt perçu en vertu des lois des 29 mars 1914 (titre II) et du 31 juillet 1917 (titre V). Cette déduction s'étend, le cas échéant, au revenu des bons de la défense nationale, bien qu'exempté de l'impôt sur le revenu des valeurs mobilières, en raison de l'immunité spéciale dont jouit cette catégorie de revenus. Par contre, les commissions perçues pour le déplacement des valeurs en cause, par les établissements de crédit, doivent être retenues pour l'assiette de l'impôt sur les bénéfices industriels et commerciaux dont lesdits établissements sont redevables ». (Réponse du Ministre des Finances n° 5.522. *Journal Officiel* du 21 février 1923).

Les bénéfices réalisés par une Société à l'occasion de la vente de titres faisant partie de l'actif social, constituent un élément du bénéfice de l'entreprise; ils doivent être compris dans le bénéfice imposable.

« Les bénéfices réalisés à l'occasion de la vente des titres doivent, lorsque ces titres font partie de l'actif d'une entreprise industrielle et commerciale, être considérés comme constituant un élément du bénéfice de l'entreprise et, par suite, être retenus pour l'assiette de l'impôt sur les bénéfices industriels et commerciaux. (Réponse du Ministre des Finances, n° 7.538. *Journal Officiel* du 8 avril 1921).

« Les profits sur une vente de titres ont, en principe, le caractère d'un simple accroissement de capital, et ne sont pas dans le cas d'être assujettis à l'impôt sur le revenu. Toutefois, si des achats et ventes de titres, faits à titre habituel, constituent, pour un contribuable, un moyen de faire fructifier ses capitaux mobiliers, les bénéfices en résultant sont susceptibles d'être considérés comme un élément du revenu de ce contribuable, et par suite, d'être soumis à l'impôt ».

De même, dans l'hypothèse où les titres feraient partie de l'actif d'une entreprise industrielle ou commerciale, l'excédent de leur valeur de réalisation sur l'évaluation qui leur a été donnée au dernier inventaire est un élément du bénéfice de l'entreprise et doit, par suite, être retenu pour l'assiette de l'impôt cédulaire sur les bénéfices industriels et commerciaux ». (Réponse du Ministre des Finances, n° 5.912. *Journal Officiel,* 19-1-1921).

« Dès l'instant que l'actif d'une Société anonyme comprend des titres de rente, l'excédent de leur prix de remboursement sur la valeur qui leur a été attribuée au dernier inventaire, constitue un élément du bénéfice net de l'entreprise pour l'exercice au cours duquel le remboursement a été effectué, et il doit, alors même qu'il est exempté de l'impôt sur le revenu des valeurs mobilières, être retenu pour l'assiette de l'impôt sur les bénéfices industriels et commerciaux ». (Réponse du Ministre des Finances, n° 4.654. *Journal Officiel,* 12-11-21).

§ XI. Les sociétés coopératives de consommation et l'impôt sur les bénéfices industriels et commerciaux. — Selon les termes de l'article 15 de la loi du 31 juillet 1917, *certaines* Sociétés coopératives de consommation sont exemptes de l'impôt cédulaire sur les bénéfices industriels et commerciaux.

Ne sont pas soumises à l'impôt cédulaire sur les bénéfices industriels et commerciaux :

1° Les sociétés coopératives de consommation qui ne possèdent pas d'établissements, boutiques ou magasins pour la vente ou la livraison de denrées, produits ou marchandises, c'est-à-dire qui servent simplement d'intermédiaires entre les producteurs ou vendeurs et leurs sociétaires, auxquels les marchandises achetées sont expédiées directement par lesdits producteurs ou vendeurs;

2° Les Sociétés coopératives de consommation ayant établissements, boutiques ou magasins de vente ou de livraison, *qui n'ont pas de stocks*, et se bornent simplement à grouper les commandes de leurs adhérents et à distribuer, dans leurs magasins de dépôt, les denrées, produits ou marchandises ayant fait l'objet de ces commandes;

3° Les Sociétés coopératives de consommation ayant établissements, boutiques ou magasins de vente ou de livraison, qui *constituent des stocks*, mais à la condition :

a) qu'elles ne vendent qu'à leurs sociétaires.

b) qu'elles distribuent leurs bonis à leurs sociétaires, au prorata des achats effectués par chacun d'eux, *ou* à des œuvres d'intérêt général *ou* qu'elles consacrent ces bonis à des réserves qui ne sont pas réparties entre les porteurs d'actions.

Remarque.— Les Sociétés coopératives de consommation ayant boutiques ou magasins ouverts à des acheteurs *autres* que leurs sociétaires sont assujetties à la cédule commerciale.

« D'après l'article 15 de la loi du 31 juillet 1917, les Sociétés coopératives de consommation ne peuvent être affranchies de l'impôt sur les bénéfices industriels et commerciaux que si elles remplissent, avant toute autre condition, celle de ne vendre qu'à leurs adhérents. Dès l'instant, par suite, qu'elle vend au public, une société coopérative se trouve dans le cas d'être assujettie à l'impôt dont il s'agit et, par voie de conséquence, à l'impôt sur le chiffre d'affaires ; elle doit être soumise à l'impôt cédulaire à raison de l'ensemble de ses profits et à l'impôt sur le chiffre d'affaires sur la totalité des ventes réalisées, exception faite seulement, *pour les deux impôts*, de la partie des bonis réalisés sur les ventes aux sociétaires qui lenr est ristournée au prorata du montant de leurs achats ». (Réponse du Ministre des Finances, n° 12.590. *Journal Officiel*, 11 avril 1922).

« Lorsque les sociétés coopératives de consommation se trouvent dans le cas d'être assujetties à l'impôt sur les bénéfices industriels et commerciaux, l'intérêt fixe servi aux porteurs de parts, doit être considéré comme constituant un élément du bénéfice social et compris, par suite, dans les bases de l'impôt ». (Réponse du Ministre des Finances, n° 13.421. *Journal Officiel*, du 23 mai 1922).

« Lorsqu'une Société Coopérative de consommation est passible de l'impôt sur les bénéfices industriels et commerciaux, elle doit y être soumise à raison de l'ensemble de ses profits, y compris les sommes affectées au paiement des intérêts servis aux actions, mais à l'exclusion des ristournes faites aux sociétaires au prorata de leurs achats, lesquelles correspondent à des « trop-perçus » et ne présentent pas, par suite, le caractère de bénéfices ». (Réponse du Ministre des Finances n° 15.970 *Journal Officiel* du 22 février 1923).

« Les sommes ristournées par une Société Coopérative de consommation à *ses sociétaires* et à *ses adhérents* au prorata de leurs achats, correspondent à des « trop-perçus » et ne présentent pas, dès lors, le caractère de bénéfices. Il s'ensuit que ces sommes ne doivent pas être retenues pour l'établissement de l'impôt sur les bénéfices industriels et commerciaux dont la Société peut être redevable ». (Réponse du Ministre des Finances, n° 15.971. *Journal Officiel* du 22 février 1923).

§ XII. Entreprises ayant pour objet la vente en détail de denrées ou marchandises, dont le chiffre d'affaires dépasse un million de francs par an. — *Loi du 31 juillet 1917, article 14.* — Indépendamment de l'impôt sur les bénéfices des professions industrielles et commerciales, tel qu'il est organisé par les articles précédents, il est établi une taxe spéciale sur le chiffre d'affaires réalisé par les entreprises ayant pour objet principal la vente en détail de denrées ou marchandises, *lorsque ce chiffre d'affaires dépasse un million de francs*, déduction faite du montant des exportations à l'étranger, en Algérie, aux Colonies et pays de protectorat. Le taux de l'impôt est fixé conformément au tarif suivant :

1 pour 1.000 sur la fraction du chiffre d'affaires comprise entre 1 million de francs et 2 millions de francs.

2 pour 1.000 sur la fraction du chiffre d'affaires comprise entre 2.000.001 francs et 10 millions de francs.

3 pour 1.000 sur la fraction du chiffre d'affaires comprise entre 10.000.001 francs et 100 millions de francs.

4 pour 1.000 sur la fraction du chiffre d'affaires comprise entre 100.000.001 francs et 200 millions de francs.

5 pour 1.000 sur la fraction du chiffre d'affaires au-dessus de 200 millions de francs.

Les contribuables visés par le présent article sont tenus de faire annuellement, dans les trois premiers mois de chaque année, la déclaration du chiffre total de leurs affaires pendant l'année précédente et de présenter à l'appui de cette déclaration toutes les justifications nécessaires pour en établir l'exactitude.

Pour les maisons à succursales multiples rentrant dans la catégorie des entreprises visées par le présent article, le chiffre d'affaires sur lequel s'établira la taxe spéciale sera le chiffre global des affaires réalisées par toutes les succursales installées, *soit* dans la ville du siège principal, *soit* dans des villes différentes.

« L'impôt sur le chiffre d'affaires des commerçants et industriels, établi par la loi du 25 juin 1920, en remplacement des taxes sur les paiements instituées par la loi du 31 décembre 1917, est indépendant des *impôts directs* qui frappent certaines catégories de revenus en vertu de la loi du 31 juillet 1917, et notamment de la taxe sur le chiffre d'affaires édictée par l'*article 14 de ladite loi, laquelle constitue un complément de l'impôt sur les bénéfices industriels et commerciaux*. En l'absence de toute disposition légale contraire, les deux impôts se superposent donc le cas échéant ». (Réponse du Ministre des Finances, n° 4.753. *Journal Officiel*, 9 novembre 1920).

Remarque : Sociétés coopératives de consommation. — Selon les termes de l'article 15 de la loi du 31 juillet 1917, alinéa 1er, les Sociétés coopératives de consommation, même lorsqu'elles se trouvent dans le cas d'être assujetties à l'impôt cédulaire sur les bénéfices industriels et commerciaux, sont exemptes de la taxe spéciale prévue par l'article 14 de la même loi.

CHAPITRE II

L'impôt sur les bénéfices de l'exploitation agricole.

———

§ I. Les assujettis. — L'impôt cédulaire sur les bénéfices de l'exploitation agricole a été introduit en France par la loi du 31 juillet 1917; il est dû, sans distinction de nationalité, par tout exploitant qui a, en France, une habitation à sa disposition au 1er janvier de l'année de l'imposition.

a) L'impôt est établi « au nom des exploitants ».

Selon les termes de l'article 69 de l' « Instruction administrative du 30 mars 1918 », l'impôt est établi au nom de chaque exploitant, c'est-à-dire, tantôt du *propriétaire* lui-même, quand celui-ci cultive avec ou sans le concours d'un régisseur, et tantôt du *fermier* ou *métayer* quand la terre est donnée en location; dans le cas de « bail à portion de fruits », le propriétaire n'abandonne pas entièrement la jouissance de sa propriété sur l'exploitation de laquelle il conserve un droit de surveillance et de direction, subvenant souvent même aux dépenses de la culture; cependant, il résulte des débats parlementaires que *seul le métayer* ou « colon partiaire » doit être considéré comme exploitant et assujetti à l'impôt, s'il y a lieu, *pour la totalité* du bénéfice d'exploitation ».

En d'autres termes, sont assujettis à la cédule agricole :

1.º les propriétaires de biens ruraux qui exploitent eux-mêmes leurs terres, avec ou sans le concours d'un régisseur,

2º les fermiers qui exploitent un domaine rural pris en location.

3º Les métayers ou colons partiaires, qui exploitent un domaine rural en vertu d'un « bail à portion de fruits ». (Convention aux termes de laquelle les récoltes sont partagées entre le propriétaire du sol et la personne qui cultive le domaine).

Remarque. — Le « *fermier général* » qui, (dans certaines régions de la France) prend à bail plusieurs domaines ruraux, puis les donne, *soit* à des fermiers moyennant fermages, *soit* à des métayers, moyennant une portion des récoltes, n'est pas assujetti à la cédule agricole; les bénéfices que réalise le « fermier général », intermédiaire entre le propriétaire et l'exploitant, tombent sous le coup de l'impôt cédulaire sur les bénéfices non commerciaux; tel est l'avis de l'Administration des Finances, avis exprimé à travers l'article 70 de l'Instruction Administrative du 30 mars 1918.

« Les Fermiers généraux qui, dans certaines régions, prennent à bail des propriétés, mais n'en assurent pas l'exploitation et les sous-louent à des fermiers ou métayers, ne sont pas passibles de l'impôt sur les bénéfices de l'exploitation agricole. Les bénéfices que ces intermédiaires retirent de leur spéculation doivent être classés parmi les bénéfices des professions non-commerciales ».

Métayage. — Dans le cas de métayage, le métayer qui doit être seul considéré comme « exploitant », et, par suite, cotisé à l'impôt sur les bénéfices de l'exploitation agricole d'après la totalité des bénéfices de l'exploitation, reste, vis-à-vis du Trésor, redevable de l'intégralité de la cotisation établie à son nom ; *mais*, rien ne s'oppose à ce que le propriétaire et le métayer répartissent entre eux la charge de l'impôt, suivant leurs conventions particulières. (Réponse du Ministre des Finances n° 4.325. *Journal Officiel*, 20 mai 1921).

b) L'impôt est établi d'après la consistance des exploitations au 1ᵉʳ janvier de l'année de l'imposition.

« D'après les dispositions de l'article 19 de la loi du 31 juillet 1917, l'impôt sur les bénéfices agricoles doit être établi au nom des contribuables qui se trouvent à la tête des exploitations au 1ᵉʳ janvier de l'année de l'imposition et d'après la consistance des terres exploitées par eux à la même date ; par suite, le métayer entré dans une exploitation agricole le 11 novembre 1921, doit être soumis à l'impôt, pour 1921, à raison du domaine exploité par lui au 1ᵉʳ janvier de ladite année (1921), *mais* il n'est pas imposable, pour cette même année, à raison du domaine dont il n'a entrepris l'exploitation que le 11 novembre 1921, l'impôt afférent à ce domaine étant dû, le cas échéant, par le précédent exploitant. (Réponse du Ministre des Finances n° 14609 *Journal Officiel* du 16 novembre 1922).

c) De la signification de l'expression « bénéfices de l'exploitation agricole ». La transformation des produits de l'exploitation.

A côté des exploitations exclusivement agricoles, il existe de nombreuses exploitations chez lesquelles on rencontre, à côté de l'exploitation agricole proprement dite, des installations destinées à la transformation des récoltes et des produits agricoles obtenus (distillerie, sucrerie, minoterie, fromagerie, etc...)

L'exploitant qui, à côté de son exploitation agricole proprement dite, possède des installations destinées à la transformation des produits agricoles, est-il seulement cotisable à la cédule agricole, ou l'est-il aussi à la cédule industrielle et commerciale ?

L'Administration des Finances répond à cette question de la manière suivante : (article 63, Instruction Administrative du 30 mars 1918) :

« Les cultivateurs ne livrent fréquemment leurs récoltes au commerce qu'après leur avoir fait subir certaines manipulations ou transformations. Lorsque ces opérations ne sont que l'accessoire ou le complément indispensable des travaux de culture, ou leur prolongement normal et usuel, les bénéfices à la réalisation desquels elles donnent lieu, ne doivent pas être considérés comme distincts, par leur nature, de ceux de l'exploitation agricole. Dans le cas contraire, les bénéfices dont elles sont la source, doivent être rangés dans la catégorie des bénéfices industriels et commerciaux, pour être taxés comme tels ».

« Lorsque des transformations qu'un propriétaire fait subir à ses récoltes, avant de les livrer au commerce, ne sont que l'accessoire ou le complément indispensable des travaux de culture, les bénéfices à la réalisation desquels donnent lieu ces opérations ne doivent pas être considérés comme distincts, par leur nature, de ceux de l'exploitation agricole et ils ne peuvent être atteints que par l'impôt qui frappe les revenus de cette catégorie. *Mais*, lorsque, étant données les conditions dans lesquelles elles s'effectuent, ces transformations affectent un caractère industriel, les bénéfices dont elles sont la source doivent être rangés dans la catégorie des bénéfices industriels et commerciaux. Dès lors, la question de savoir si un propriétaire distillant les produits de sa récolte est ou non possible de l'impôt sur les bénéfices industriels et commerciaux, est une question de fait qui doit être réglée en tenant compte des circonstances propres à chaque cas particulier, les intéressés ayant, au surplus, la faculté de contester devant les Tribunaux administratifs les solutions intervenues à leur égard ». (Réponse du Ministre des Finances n° 10.450. *Journal Officiel* 17 novembre 1921).

« Lorsque les transformations qu'un propriétaire fait subir à ses récoltes, avant de les livrer au commerce, ne sont que l'accessoire ou le complément indispensable des travaux de culture, les bénéfices à la réalisation desquels donnent lieu ces opérations, ne doivent pas être considérés comme distincts par leur nature, de ceux de l'exploitation agricole et ils ne peuvent être atteints que par l'impôt qui frappe les revenus de cette catégorie, à l'exclusion de l'impôt sur les bénéfices industriels et commerciaux, et, par voie de conséquence, de l'impôt sur le chiffre d'affaires.

Mais, lorsque, étant données les conditions dans lesquelles elles s'effectuent, ces transformations affectent un caractère industriel, les bénéfices dont elles sont la source doivent être rangés dans la catégorie des bénéfices industriels et commerciaux.

Dès lors, la question de savoir si un propriétaire de parcelles de forêts débitant dans une scierie les bois provenant de son exploitation agricole, est ou non passible de l'impôt sur les bénéfices industriels et commerciaux, et, par suite, de l'impôt sur le chiffre d'affaires, est une question de fait, qui doit être réglée en tenant compte des circonstances propres à chaque cas particulier. Mais, s'il débite, outre ses propres bois, des bois appartenant à des tiers, ou qu'il leur a achetés, le propriétaire envisagé exerce une industrie distincte de son exploitation agricole et il est toujours redevable de la taxe sur les recettes lui provenant de cette industrie, et qui consistent, soit dans le prix de la façon, soit dans le prix de vente des bois débités. (Réponse du Ministre des Finances, n° 13.762. *Journal officiel*, 9 novembre 1922).

Profits réalisés sur la vente de produits ne provenant pas de l'exploitation. — Les profits réalisés par un agriculteur sur la vente de produits autres que ceux qui proviennent de sa propre exploitation, ne sont plus des bénéfices de l'exploitation agricole. Quand un cultivateur vend, par exemple, des grains ou des fourrages qu'il a achetés, ou des animaux qui n'ont pas été élevés ou engraissés sur ses terres, les gains qu'il obtient de ce chef doivent être classés dans la catégorie des bénéfices commerciaux. (Article 64, Instruction Administrative du 30 mars 1918).

« Les agriculteurs qui pratiquent l'élevage des porcs et de tous autres animaux sont passibles de l'impôt sur les bénéfices agricoles si les animaux qu'ils destinent à la vente sont principalement nourris avec les produits de leur exploitation; par contre, les intéressés doivent être considérés comme exerçant une profession commerciale et comme assujettis à l'impôt sur les bénéfices industriels et commerciaux, si les produits achetés entrent pour une part prépondérante dans la nourriture du bétail entretenu sur leurs fonds ». (Réponse du Ministre des Finances, n° 6.398. *Journal Officiel* du 26 janvier 1921).

Marchands de bestiaux. — Il a été admis, au cours des travaux préparatoires, que les agriculteurs, qui, occasionnellement achètent des animaux pour les engraisser et les revendre quelque temps après, ne font pas acte de commerce; mais ceux qui joignent à leurs opérations agricoles et d'une façon habituelle la profession de marchands de bestiaux, sont assujettis à l'impôt sur les bénéfices industriels et commerciaux et, par voie de conséquence, à l'impôt sur le chiffre d'affaires ». (Réponse du Ministre des Finances, n° 6.730. *Journal Officiel*, 9 février 1921).

§ II. **Le lieu de l'imposition.** — L'impôt est établi au nom des exploitants, dans la Commune où ils ont leur habitation principale au 1er janvier de l'année de l'imposition.

« Les cultivateurs possédant des exploitations multiples —qu'elles appartiennent ou non à la même région — sont imposables *dans la commune de leur habitation principale*, sous un seul article de rôle, et d'après le montant des revenus de leurs diverses exploitations ». (Réponse du Ministre des Finances, *Journal Officiel*, 24 mai 1922).

§ III. De l'établissement de l'impôt. — a) *Evaluation forfaitaire du bénéfice imposable.* — Pour l'établissement de l'impôt, le bénéfice provenant de l'exploitation agricole est considéré comme étant égal à la valeur locative des terres exploitées, multipliée par un coefficient approprié.

Valeur locative. — La valeur locative prise en considération est celle qui a été fixée pour la détermination du revenu net servant de base à l'impôt foncier; (le revenu net servant de base à la contribution foncière représente les 4/5 de la valeur locative).

Exemple : Une propriété donne lieu à une imposition foncière calculée d'après un revenu net de 1.000 francs; cette propriété a une valeur locative de 1.250 francs.

En effet :

$$1.000 \text{ fr.} = \frac{4x}{5}$$

$$x = \frac{1.000 \text{ fr.} \times 5}{4} = 1.250 \text{ fr.}$$

Les coefficients. — Les coefficients sont fixés, chaque année, *par nature de culture* et *par région agricole*, par une Commission désignée à cet effet et composée de magistrats, fonctionnaires et représentants des organismes et groupements agricoles.

Remarque. — Les assujettis n'ont à fournir aucune déclaration quelconque; le bénéfice imposable est déterminé par l'Administration qui applique les coefficients appropriés à la valeur locative des terres exploitées au 1er janvier de l'année de l'imposition.

b) Dérogation au système de l'évaluation forfaitaire. — Ainsi qu'il est dit ci-dessous, c'est toujours forfaitairement que le bénéfice d'une exploitation agricole est déterminé; *cependant,* selon les termes du second alinéa de l'article 17 de la loi du 31 juillet 1917, confirmé par l'article 2 de la loi du 25 juin 1920 : « Si le bénéfice réel de l'exploitation pendant l'année antérieure à celle de l'imposition n'a pas atteint le chiffre pris pour base d'imposition, l'exploitant peut, en apportant les justifications nécessaires, obtenir une réduction proportionnelle de l'impôt par voie de réclamation, après l'établissement du rôle ».

Remarque. — Il y a lieu de remarquer que c'est seulement *après la publication du rôle* que l'assujetti peut réclamer le bénéfice de cette disposition.

L'administration des Finances a précisé sa manière de voir, en pareille matière, à travers l'article 68 de l' « Instruction Administrative » du 30 mars 1918 :

« Si, pendant l'année antérieure à celle de l'imposition, le produit net d'une exploitation, déduction faite du prix du fermage, ou de la valeur locative de la propriété s'il s'agit d'un domaine exploité par le propriétaire, est inférieur au chiffre du bénéfice évalué forfaitairement, le contribuable peut, en produisant une réclamation après la publication du rôle, et à condition d'apporter les justifications nécessaires, demander que sa cotisation soit calculée sur le chiffre du *bénéfice réel* et obtenir une réduction d'impôt correspondante; il peut même en cas d'exploitation déficitaire, être complètement exonéré de l'impôt.

Que faut-il entendre par « bénéfice réel » d'une exploitation agricole? — Le « *bénéfice réel* » d'une exploitation agricole est égal à l'excédent des recettes totales provenant de la vente des produits de la culture ou de l'élevage, sur les dépenses supportées par l'exploitant.

Au nombre des dépenses supportées par l'exploitant-et qui peuvent être déduites des recettes, il faut citer :

1° *le fermage* payé au propriétaire du fonds si l'exploitant est fermier.

2° La « *valeur locative* » du fonds si l'exploitant en est aussi le propriétaire.

3° Les *salaires et gages* des employés et ouvriers.

4° Les *frais généraux* d'exploitation.

5° L'*amortissement* du matériel agricole.

6° L'*intérêt des capitaux empruntés* à des tiers et engagés dans l'entreprise, etc. etc...

« Aux termes de l'article 19 de la loi du 31 juillet 1917, l'impôt sur les bénéfices agricoles doit être établi d'après la consistance des terres exploitées par les redevables au 1er janvier de l'année de l'imposition. Par suite, le métayer qui est entré dans un nouveau domaine le 11 novembre 1920, doit être soumis à l'impôt, pour 1921, à raison du domaine exploité par lui au 1er janvier de ladite année, sans qu'il y ait lieu de rechercher depuis quelle époque il y est entré. *Mais* si le bénéfice qu'il a effectivement réalisé au cours de l'année 1920 n'a pas atteint le chiffre du revenu forfaitaire pris pour base de l'impôt, l'intéressé peut, en produisant une réclamation après la publication du rôle, et à condition d'apporter les justifications nécessaires, demander que sa cotisation soit calculée sur le chiffre de son bénéfice réel et obtenir, le cas échéant, une réduction d'impôt correspondante ». (Réponse du Ministre des Finances n° 12.827. *Journal Officiel,* 11 avril 1922).

§ IV. Calcul de l'impôt. — Selon les termes de l'article 1er de la loi du 25 juin 1920, la fraction du bénéfice comprise entre 0 et 1.500 francs n'est pas imposée ; la fraction dudit bénéfice comprise entre 1.500 francs et 4.000 francs est comptée pour moitié; le surplus est compté pour la totalité; le taux de l'impôt est fixé à 6 %.

En d'autres termes, le taux de l'impôt est de :

0 % pour la fraction du bénéfice comprise entre 0 et 1.500 francs.

3 % pour la fraction du bénéfice comprise entre 1.500 et 4.000 francs.

6 % pour la fraction du bénéfice qui excède 4.000 francs.

§ V. **Réductions pour charges de famille.** — (Voir chapitre VII : *Dispositions communes*).

VI. Demandes en décharge ou en réduction. — Procédure, Tribunal compétent. (Voir chapitre VII : *Dispositions communes*).

CHAPITRE III

L'impôt sur les traitements publics et privés, les indemnités et émoluments, les salaires, les pensions et les rentes viagères

---

A. — TRAITEMENTS PUBLICS ET PRIVÉS, INDEMNITÉS, ÉMOLUMENTS ET SALAIRES.

§ I. Les assujettis. — L'impôt cédulaire sur les traitements publics et privés, les indemnités, émoluments et salaires, a été introduit en France par la loi du 31 juillet 1917.

L'impôt atteint tous les traitements, émoluments et salaires, sans distinction d'origine (française ou étrangère), dont les bénéficiaires, français ou étrangers, peu importe, ont un domicile en France, au 1er janvier de l'année de l'imposition.

Traitements publics : Il faut entendre par « traitements publics » les traitements alloués aux fonctionnaires de l'Etat, des Départements et Communes.

Traitements privés : Il faut entendre par « traitements privés » les traitements alloués aux fonctionnaires des Administrations ou Entreprises privées.

Indemnités : Cette expression vise tout spécialement en la circonstance les indemnités allouées aux membres du Parlement. (Rapport de M. Dumesnil, Ch. des Députés, 22 février 1917).

Salaires : L'expression « Salaires » vise tout spécialement la rémunération des ouvriers.

Emoluments : En employant cette expression, le législateur a voulu atteindre (Rapport de M. Dumesnil Ch. des Députés, 22 février 1917), les jetons de présence attribués aux membres du Conseil d'Administration des entreprises industrielles et commerciales.

§ II. Lieu de l'imposition. — L'impôt est établi dans la Commune où les redevables sont domiciliés au 1er janvier de l'année de l'imposition.

« Les militaires stationnés sur des territoires en état de guerre étant soustraits à l'application des lois fiscales des pays où ils séjournent, doivent être considérés comme continuant à être placés sous le régime des lois fiscales françaises et, par suite, comme redevables de l'impôt sur les traitements et salaires, suivant les règles applicables aux personnes domiciliées en France.

Les intéressés doivent, dès lors, être cotisés d'après le montant de la solde et des indemnités qu'ils ont perçues, à l'exclusion des prestations qui couvrent des dépenses de service, ainsi que des allocations qui leur ont été attribuées à raison de leur situation de famille, ces dernières étant affranchies de l'impôt par application de l'article 1er de la loi du 25 juin 1920. » (Réponse du Ministre des Finances nº 14.866. *Journal Officiel*, 30 novembre 1922).

§ III. Etablissement de l'impôt. — L'impôt est dû chaque année, à raison des revenus de l'année précédente; ainsi l'impôt dû au titre de l'exercice 1922, est déterminé d'après le montant des revenus encaissés durant l'exercice 1921.

L'impôt atteint le « *montant net* » des traitements, indemnités et salaires, c'est-à-dire : l'excédent du « *montant brut* » des traitements, indemnités et salaires, sur les dépenses nécessitées par l'exercice de la profession, de l'emploi ou de la fonction.

a) « *Montant brut* » *des traitements, indemnités et salaires.* — Le « *montant brut* » des traitements, indemnités et salaires s'entend de la totalité des sommes en espèces et des avantages en nature accordés aux intéressés.

Il y a lieu de noter, toutefois, que les sommes versées par les employeurs à leur personnel, à titre d'allocations familiales ou de sursalaire familial ne doivent pas être retenues pour la détermination du bénéfice imposable.

« Aux termes de l'article 25 de la loi du 31 juillet 1917, l'impôt cédulaire est dû à raison des traitements, indemnités, émoluments et salaires, dont les contribuables ont bénéficié au cours de l'année antérieure à celle de l'imposition. Par suite, alors même qu'ils proviendraient de sources différentes, les salaires payés à un contribuable au cours d'une même année, doivent être totalisés en vue de l'établissement de l'impôt dû au titre de l'année suivante, et c'est sur le montant total ainsi obtenu, diminué de l'abattement prévu par la loi, que doit être calculée la cotisation de l'intéressé ». (Réponse du Ministre des Finances, n° 5.340. *Journal Officiel* du 15 novembre 1922).

« L'impôt sur les traitements et salaires étant établi chaque année d'après le montant total des revenus de cette catégorie dont les contribuables ont effectivement disposé pendant l'année immédiatement antérieure à celle de l'imposition, les rétributions perçues en 1920 par les fonctionnaires ou employés des Administrations de l'Etat et par les agents des chemins de fer sont, en principe, susceptibles d'être retenues en totalité pour l'assiette de l'impôt de 1921. Toutefois, il a été admis que les revenus dont les contribuables n'avaient pu avoir la libre disposition du fait de la guerre, pouvaient être rapportés, en vue de l'établissement de l'impôt, aux années qu'ils concernaient. Si, dès lors, certains redevables ont touché, en 1920, des émoluments se rapportant en réalité à des années antérieures, il est possible, par voie d'analogie, de rattacher ces émoluments aux années qu'ils concernent réellement, les intéressés n'étant par suite passibles de l'impôt, pour 1921, qu'en raison de leurs rémunérations s'appliquant à l'année 1920». (Réponse du Ministre des Finances n° 8.936. *Journal Officiel*, 15 juin 1921).

Allocations familiales. — Les majorations d'indemnité, pour charges de famille, accordées aux militaires chefs de famille, doivent être considérées comme rentrant dans la catégorie des allocations familiales qui, par application de l'article 1er de la loi du 25 juin 1920, sont exonérées de l'impôt sur les traitements et salaires ainsi que de l'impôt général sur le revenu. Les militaires qui auraient été cotisés, à raison des majorations dont s'agit, sont, par suite, en droit de demander, par voie de réclamation, une réduction de la cotisation établie à leur nom. (Réponse du Ministre des Finances, n° 13.021. *Journal Officiel*, 14 mai 1922).

« Conformément à la législation en vigueur, l'impôt sur les traitements et salaires doit être établi en tenant compte des émoluments de toute nature touchés par les redevables, *à la seule exception* des allocations pour charges de famille, lesquelles sont expressément exonérées par l'article 1er de la loi du 25 juin 1920 ». (Réponse du Ministre des Finances, n° 12.238. *Journal Officiel*, 1er mars 1922).

« Conformément à l'article 24 de la loi du 31 juillet 1917, l'impôt sur les traitements et salaires doit être établi en tenant compte des indemnités de toute sorte dont bénéficient les redevables et il n'est fait d'exception à cette règle que pour les allocations pour charges de famille, lesquelles sont exonérées en vertu de l'article 1er de la loi du 25 juin 1920. Il s'ensuit que les indemnités pour cherté de vie proprement dites doivent, alors même qu'elles n'interviendraient pas pour le calcul des pensions de retraites, être comprises parmi les éléments de revenu à retenir en vue de l'assiette de l'impôt, les indemnités spéciales attribuées aux intéressés en raison de leurs charges de famille, ne devant pas, par contre, être retenues ». (Réponse du Ministre des Finances, n° 16.282. *Journal Officiel* du 22 février 1923).

b) *Dépenses nécessitées par l'exercice de la profession, de l'emploi ou de la fonction.* — Les frais de voyage, de déplacement, de tenue ou de représentation, supportés par les assujettis, doivent être considérés comme des dépenses nécessitées par l'exercice de la profession, de l'emploi ou de la fonction; les retenues opérées pour retraites ou pensions doivent aussi être considérées comme telles.

L'impôt sur les traitements, indemnités, émoluments et salaires, est établi à raison de leur *montant net* qui s'obtient en déduisant, s'il y a lieu, du revenu brut, le montant des dépenses constituant une charge de la fonction exercée ou de l'emploi occupé. Il s'ensuit que pour déterminer en particulier les bases de l'impôt dont les receveurs-buralistes sont redevables, il convient de déduire du montant total de leurs émoluments, les rétributions qu'ils allouent aux auxiliaires qu'ils utilisent pour les besoins du service ». (Réponse du Ministre des Finances, n° 9050. *Journal Officiel*, 17 juin 1921).

« D'après la législation en vigueur, les traitements, indemnités, émoluments et salaires sont soumis à l'impôt établi sur les revenus de cette catégorie, ainsi qu'à l'impôt général sur le revenu, à raison de leur *montant net*, c'est-à-dire sous déduction des charges afférentes à l'exercice de la profession ou du mandat; or, la loi du 27 mars 1920, qui a attribué à chaque sénateur et député une indemnité supplémentaire de 1.000 francs par mois, dispose expressément que cette indemnité est destinée à faire face aux frais de double résidence, de correspondance et autres, inhérents à l'exercice du mandat législatif. Il ne paraît pas douteux que l'indemnité dont il s'agit doive être considérée comme intégralement absorbée par l'exercice de ce mandat et les agents des Contributions directes ont été, en conséquence, invités à ne pas la comprendre dans les bases de l'impôt cédulaire (et de l'impôt global) dû par les membres du Parlement. *Il va de soi, d'ailleurs, que la même règle est également applicable* à l'égard de toutes les allocations et indemnités destinées à couvrir des frais de service ou des dépenses professionnelles, lorsqu'elles sont effectivement dépensées par les intéressés ». (Réponse du Ministre des Finances, n° 9.745. *Journal Officiel*, 24 juin 1921).

« Pour la détermination du « *traitement net* » d'après lequel les fonctionnaires sont susceptibles d'être soumis à l'impôt sur les traitements et salaires, il n'y a lieu de déduire du « *traitement brut* », indépendamment des versements effectués pour la constitution de retraites, que les dépenses occasionnées spécialement et directement par l'exercice de la fonction; les retenues de traitement effectuées au profit de bénéficiaires de pensions alimentaires ne rentrant pas dans cette catégorie, ne sauraient, dès lors, être considérées comme déductibles et doivent, par suite, rester comprises dans les bases de l'impôt ». (Réponse du Ministre des Finances. *Journal Officiel*, 24 mars 1922).

« L'Instruction Ministérielle du 30 mars 1918, relative à l'établissement des impôts sur les revenus, précise que, pour la détermination du revenu net destiné à servir de base à l'impôt sur les traitements et salaires, il y a lieu de déduire du revenu brut les retenues supportées et les sommes versées en vue de la constitution de pensions de retraite et, d'une manière générale, tous les versements effectués à des caisses diverses et présentant le caractère de dépenses de prévoyance proportionnées à l'importance du salaire. Les agents à qui incombe le soin d'établir l'impôt sont, dès lors, au courant des règles qu'ils doivent suivre en la matière, et il ne paraît pas qu'il y ait lieu de leur adresser de nouvelles instructions à ce sujet ». (Réponse du Ministre des Finances n° 16.372. *Journal Officiel* du 22 février 1923).

« Par application des dispositions de l'article 24 de la loi du 31 juillet 1917, les bases de cotisation des fonctionnaires à l'impôt sur les traitements et salaires doivent être déterminées en totalisant les émoluments de toute nature effectivement touchés par les redevables pendant l'année précédant celle de l'imposition et en déduisant du montant ainsi obtenu toutes les dépenses qui, durant la même période, ont été nécessitées spécialement et directement par l'exercice de la fonction. Il convient, dès lors, en particulier, *de retenir les indemnités que reçoivent certains fonctionnaires pour manipulation de fonds,* sauf à déduire du montant brut des émoluments des intéressés les déficits de caisse qu'ils ont pu supporter ». (Réponse du Ministre des Finances, n° 12.874. *Journal Officiel,* 11 avril 1922).

Déduction de l'impôt payé au cours de l'année précédente. — Lorsque l'impôt sur les traitements et salaires dont les fonctionnaires sont redevables pour une année déterminée a été établi sans tenir compte de l'impôt payé par eux au cours de l'année précédente, les contribuables peuvent valablement demander la déduction de ce dernier impôt, par voie de réclamation produite après publication du rôle, dans les formes et délais ordinaires ». (Réponse du Ministre des Finances, n° 5.423. *Journal Officiel,* 20 décembre 1922.)

La déclaration des traitements, indemnités, émoluments et salaires. — Selon les termes de l'article 26 de la loi du 31 juillet 1917 : « Tous les particuliers et toutes sociétés ou associations occupant des employés, commis, ouvriers ou auxiliaires, moyennant traitement, salaire, ou rétribution, *sont tenus de remettre, dans le courant du mois de janvier de chaque année,* au contrôleur des Contributions directes, un état indiquant :

1° Les noms et adresses des personnes qu'ils ont occupées au cours de l'année précédente;

2° Le montant des traitements, salaires et rétributions, payés à chacune d'elles, pendant ladite année.

3° La période à laquelle s'appliquent ces paiements, lorsqu'elle est inférieure à une année, *mais supérieure à 30 jours consécutifs.*

La disposition qui précède *n'est toutefois applicable qu'en ce qui concerne les personnes dont les traitements, salaires ou rétributions,* calculés conformément aux prescriptions de la présente loi et *ramenés à l'année, dépassent le minimum assujetti à l'impôt* ».

Il y a lieu de remarquer que les assujettis à la cédule des traitements et salaires n'ont à fournir aucune déclaration; c'est aux employeurs, et à eux seulement, qu'il appartient de fournir à l'administration l'état des traitements et salaires versés durant l'année précédente.

« Les salariés ne sont astreints, pour l'établissement de l'impôt sur les traitements et salaires auquel ils sont susceptibles d'être assujettis, à l'accomplissement d'aucune formalité et ils n'ont pas, en particulier, à signaler au contrôleur qu'ils n'ont pas reçu d'avertissement touchant l'impôt envisagé. *Mais,* s'ils sont passibles de l'impôt général sur le revenu, ils doivent comprendre le montant net de leurs rémunérations dans la déclaration qu'ils sont tenus de souscrire pour l'assiette dudit impôt ». (Réponse du Ministre des Finances n° 12.700. — *Journal Officiel,* 11 avril 1922).

ETAT

Appointements et salaires payés pendant l'année...... par
Monsieur............. (ou par la Société)...............
   Profession exercée..................................
   Siège de l'établissement............................

Personnes employées		Nature de l'emploi	Sommes payées	Avantages en nature	Période inférieure à une année
Nom et prénoms	Adresse				

Sanctions. — Une amende de 100 francs est encourue pour toute omission ou indication inexacte relevée à la charge des personnes qui sont tenues de fournir à l'Adminisration, les renseignements et indications dont s'agit. (Article 7, Loi du 31 décembre 1920).

§ IV. Calcul de l'impôt. — (Article 1er. Loi du 25 juin 1920).

1º Communes de 50.000 habitants et au-dessous.

La fraction du revenu imposable comprise entre 0 et 4.000 fr. n'est pas taxée.

La fraction du revenu imposable comprise entre 4.000 et 8.000 francs est taxée à raison de 3 %.

La fraction qui excède 8.000 francs est taxée à raison de 6 %.

2º Communes de plus de 50.000 habitants (ou situées dans un rayon de 15 km. à partir du périmètre de la partie agglomérée d'une commune de plus de 50.000 habitants).

La fraction du revenu imposable comprise entre 0 et 5.000 fr. n'est pas taxée.

La fraction du revenu imposable comprise entre 5.000 et 8.000 francs est taxée à raison de 3 %.

La fraction du revenu imposable qui excède 8.000 francs est taxée à raison de 6 %.

3° *Paris et Communes de la banlieue (dans un rayon de 25 km. à partir du périmètre de l'octroi de Paris).*

La fraction du revenu imposable comprise entre 0 et 6.000 fr. n'est pas taxée.

La fraction du revenu imposable comprise entre 6.000 et 8.000 francs est taxée à raison de 3 %.

La fraction du revenu imposable qui excède 8.000 francs est taxée à raison de 6 %.

Contribuables changeant de domicile en cours d'annee. — Aux termes de l'article 25 de la loi du 31 juillet 1917, l'impôt sur les traitements et salaires est établi dans la commune où les contribuables sont domiciliés au 1er janvier de l'année de l'imposition. Ce sont, dès lors, les faits existant à cette date qui doivent être retenus en vue de l'établissement de l'impôt, notamment pour la détermination des limites d'exemption dont il doit être fait application. Il s'ensuit que les limites applicables dans le cas de contribuables changeant de domicile en cours d'année, sont celles qui correspondent à la catégorie à laquelle appartient, par le chiffre de sa population, la commune où les intéressés sont domiciliés au 1er janvier de l'année pour laquelle l'impôt est établi «. (Réponse du Ministre des Finances n° 10.208. *Journal Officiel* du 16 novembre 1921.)

Remarque. — *Communes assimilées aux villes de plus de 50.000 habitants.* (Loi du 31 juillet 1920) : Les termes de l'article 4 de la loi du 31 juillet 1920 sont ainsi conçus : « En ce qui concerne les traitements, indemnités, émoluments et salaires, à la demande du Conseil municipal, le Ministre des finances pourra assimiler aux communes situées dans un rayon de 15 km. à partir du périmètre de la partie agglomérée d'une Commune de 50.000 habitants, et aux Communes de la banlieue de Paris, les Communes dans lesquelles le prix des denrées de première nécessité et des loyers d'habitation est aussi élevé que dans les Communes des banlieues précitées.

Un décret énumérera les 12 denrées alimentaires qui devront être prises en considération ».

Décret du 13 octobre 1920 : Les 12 denrées alimentaires visées à travers l'article 4 de la loi du 31 juillet 1920 sont les suivantes : « 1° viande fraîche, 2° viande salée ou fumée, 3° poisson frais, 4° poisson salé ou fumé, 5° pommes de terre et autres légumes frais, 6° lait, 7° œufs, 8° pâtes alimentaires, 9° boissons hygiéniques en usage dans la localité, 10° huile, 11° beurre, 12° saindoux ».

Recouvrement de l'impôt. — Le patron n'est pas et ne peut pas être, aux termes de la législation actuelle, considéré comme un collecteur d'impôts. *Mais le Trésor* ne peut, en matière de recouvrement, se dispenser d'user, à titre tout à fait exceptionnel, du droit que possède tout créancier, de saisir entre les mains des tiers, les sommes dues par ceux-ci (les tiers) à ses débiteurs, lorsque ces derniers refusent de s'acquitter spontanément. Les retenues opérées dans ces conditions sont d'ailleurs soumises, tout comme celles qui pourraient être opérées par des particuliers, aux limites édictées par la loi du 27 juillet 1921. » (Réponse du Ministre des Finances. *Journal Officiel*, 9 juin 1922).

« Aux termes de la loi du 27 juillet 1921, seuls les salaires égaux ou inférieurs à 6.000 francs par an, sont insaisissables jusqu'à concurrence des neuf dixièmes. Les salaires dépassant 6.000 francs sont saisissables pour la totalité. En conséquence, un employeur ne doit déférer à la demande du Percepteur, qu'en tenant compte de la limitation apportée par la loi à la saisissabilité des traitements et salaires inférieurs ou égaux à 6.000 fr. C'est à lui qu'il appartient de déterminer le montant de la retenue à effectuer sur chaque paye, jusqu'à extinction de la dette d'impôts. La totalité des impôts ne peut être retenue, en une seule fois, que sur les salaires dont le montant annuel dépasse 6.000 francs ». (Réponse du Ministre des Finances, *Journal Officiel*, 7 février 1922).

« La loi du 12 novembre 1808 qui a organisé le privilège du Trésor, en matière d'impôts directs, substitue la « *demande* » du percepteur à la procédure de saisie-arrêt de droit commun. Cette « *demande* » produit, vis-à-vis du tiers-saisi, les mêmes effets que l'exploit prévu par l'article 559 du Code de procédure civile. Elle rend d'ailleurs inutile l'intervention judiciaire, diminue, par suite, sensiblement les frais à la charge des débiteurs poursuivis et simplifie, par ailleurs, la procédure pour le tiers-saisi. Les obligations de l'employeur, quant au pourcentage du salaire à retenir, sont fixées comme en droit commun, par la loi du 27 juillet 1921; néanmoins il a été recommandé aux percepteurs de laisser aux employeurs, dans la mesure où l'intérêt du Trésor le permet, la faculté de retenir en plusieurs fois les sommes dûes par les débiteurs de côtes importantes ou par les contribuables momentanément gênés ». (Réponse du Ministre des Finances n° 15.950. *Journal Officiel* du 16 janvier 1923).

§ V. Réductions pour charges de famille. — (Voir chapitre VII : *Dispositions communes*).

§ VI. Demandes en décharge ou en réduction (Tribunal compétent). — Voir chapitre VII : *Dispositions communes*).

B. — PENSIONS ET RENTES VIAGÈRES.

§ I. Les assujettis. — L'impôt cédulaire sur les pensions et rentes viagères a été introduit en France par la loi du 31 juillet 1917; l'impôt atteint les pensions (peu importe qu'elles soient civiles ou militaires), et les rentes *viagères versées à titre obligatoire*, (c'est-à-dire en vertu d'un titre susceptible de faire preuve en justice), dont les bénéficiaires ont un domicile en France au 1er janvier de l'année de l'imposition.

La dénomination de *pension* désigne plus spécialement les allocations qui représentent, dans une certaine mesure, la récompense ou la rémunération de services passés.

Dans cette catégorie rentrent les pensions civiles et militaires servies par l'Etat, les pensions de retraite des Départements et des Communes, les retraites versées par les entreprises privées, et aussi les retraites constituées sur la Caisse Nationale des retraites pour la vieillesse, les retraites ouvrières et paysannes, les retraites des employés et ouvriers des mines, etc...

Les traitements attachés aux décorations de la « Légion d'Honneur » et de la Médaille Militaire, sont assimilables aux pensions.

Enfin, dans la même catégorie doivent être rangées les pensions alimentaires servies en vertu des obligations résultant des dispositions du Code civil. (article 95 de l'Instuction administrative du 30 mars 1918).

Remarque. — Selon les termes de l'article 1er de la loi du 25 juin 1920, les pensions servies, *en vertu de la loi du 31 mars 1919*, aux militaires des armées de terre et de mer, aux veuves, orphelins ou ascendants des soldats morts pour la France, *ne sont pas* assujetties à l'impôt.

« A l'exception des pensions servies en vertu de la loi du 31 mars 1919, aux mutilés, veuves et ayants-droit des morts de la grande guerre, les pensions et les rentes viagères sont toutes passibles de l'impôt spécialement établi sur les revenus de cette catégorie par l'article 23 de la loi du 31 juillet 1717. Les rentes viagères servies en vertu de la loi du 9 avril 1898 sont dès lors susceptibles d'être assujetties audit impôt, pour le calcul duquel il convient, en raison de leur caractère, de les assimiler aux rentes viagères constituées par des versements périodiques et successifs qui, dans l'état actuel de la Législation, bénéficient d'un abattement à la base de 3.600 francs. Quant aux indemnités journalières allouées aux ouvriers victimes d'accidents dans leur travail, l'Administration estime que, dès l'instant qu'elles sont fixées par l'article 3 de la loi du 9 avril 1898 à la moitié du salaire touché au moment de l'accident, elles conservent le caractère de salaire et doivent, par suite, être traitées comme telles, au point de vue fiscal ». (Réponse du Ministre des Finances nº 16.163. *Journal Officiel* du 22 février 1923).

Rente constituée par contrat de mariage. — « A l'exception des pensions qui sont servies en vertu de la loi du 31 mars 1919, aux mutilés, veuves et ayants-droit des morts de la grande guerre, les pensions et les rentes viagères sont toutes passibles de l'impôt spécialement institué sur les revenus de cette catégorie et la loi n'établit, à cet égard, aucune distinction suivant l'origine des revenus qui servent à les payer ou la nature du contrat constatant la créance. Par suite, la rente constituée par contrat de mariage et représentant les intérêts d'un capital dont le donateur se réserve la propriété, est susceptible d'être assujettie audit impôt, alors même que les revenus qui serviraient à l'acquitter seraient frappés par un impôt cédulaire spécial entre les mains du débiteur ». (Réponse du Ministre des Finances, nº 15.919. *Journal Officiel* du 25 janvier 1923).

§ II. **Lieu de l'imposition.** — L'impôt est établi dans la Commune où les intéressés sont domiciliés au 1er janvier de l'année de l'imposition.

§ III. **Etablissement de l'impôt.** — L'impôt est dû, chaque année, à raison du «montant net» des pensions et rentes viagères encaissées au cours de l'année précédente; ainsi, l'impôt dû au titre de l'exercice 1923 est calculé d'après le montant des sommes encaissées pendant l'année 1922.

L'impôt atteint le « *montant net* » des pensions et rentes viagères, c'est-à-dire : l'excédent du « *montant brut* » des pensions et rentes viagères, *sur* les dépenses occasionnées par leur perception (au nombre de ces dépenses on peut citer les frais de « *certificat de vie* ».)

La déclaration des pensions et rentes viagères. — Les particuliers, sociétés ou associations payant des pensions ou rentes viagères, sont tenus de remettre, dans le courant du mois de janvier de chaque année, au contrôleur des Contributions directes, un état indiquant : les noms et adresses des titulaires de ces pensions ou rentes, le montant des pensions ou rentes versées.

Sanction. — Une amende de 100 francs est encourue pour toute omission ou indication inexacte, relevée à la charge des personnes qui sont tenues de fournir à l'Administration les renseignements et indications dont il s'agit. (Article 7 Loi du 31 décembre 1920).

§ **IV. Calcul de l'impôt.** — (Article 1er de la loi du 25 juin 1920).

a) *Pensions et rentes viagères constituées par des versements périodiques successifs,* ou servies bénévolement par des patrons à leurs employés à titre d'ancienneté de services.

La fraction du revenu imposable comprise entre 0 et 3.600 fr. n'est pas taxée.

La fraction du revenu imposable comprise entre 3.600 et 8.000 francs est taxée à raison de 3 %.

La fraction du revenu imposable qui excède 8.000 francs est taxée à raison de 6 %.

b) *Rentes viagères constituées au moyen du versement d'un capital ou acquises par voie de legs ou donation.*

La fraction du revenu imposable comprise entre 0 et 2.000 fr. n'est pas taxée.

La fraction du revenu imposable comprise entre 2.000 et 8.000 francs est taxée à raison de 3 %.

La fraction du revenu imposable qui excède 8.000 francs est taxée à raison de 6 %.

§ V. Réductions pour charges de famille. — (Voir chapitre VII : *Dispositions communes*).

§ VI. Demandes en décharge ou en réduction. — (Tribunal Compétent). (Voir chapitre VII : *Dispositions communes*).

CHAPITRE IV

L'impôt sur les bénéfices des professions
non commerciales

---

§ I. Les assujettis. — L'impôt cédulaire sur les bénéfices des professions non commerciales a été introduit en France par la loi du 31 juillet 1917.

L'impôt est dû par toute personne (française ou étrangère, peu importe) domiciliée en France au 1er janvier de l'année de l'imposition, qui a réalisé des bénéfices non commerciaux au cours de l'année qui a précédé celle de l'imposition.

Les avocats, les médecins, les dentistes, les vétérinaires, les architectes, les ingénieurs civils, les publicistes, etc., sont assujettis à l'impôt sur les bénéfices non commerciaux.

Médecins et chirurgiens dentistes. — Les médecins et chirurgiens dentistes qui se bornent à l'exercice de leur profession libérale, sans y joindre une exploitation commerciale, telle que la vente des médicaments, de rateliers ou fournitures dentaires à des personnes autres que celles qu'ils soignent, ne sont pas redevables de l'impôt sur le chiffre d'affaires puisqu'ils sont assujettis, non à l'impôt cédulaire sur les bénéfices industriels et commerciaux, mais à l'impôt sur les bénéfices des professions non commerciales, institué par le titre IV de la loi du 31 juillet 1917. (Réponse du Ministre des Finances n° 4.704. *Journal Officiel*, 24 novembre 1920).

Médecins. — Le médecin qui dirige une clinique recevant des malades auxquels il donne personnellement des soins ne fait qu'exercer sa profession, et *n'étant pas, de ce chef, soumis à l'impôt sur les bénéfices industriels et commerciaux*, n'est pas davantage redevable de l'impôt sur le chiffre d'affaires. Cette solution est indépendante de l'importance de la clinique. (Réponse du Ministre des Finances, n° 4.698. *Journal Officiel*, 10 février 1921).

Les architectes. — Les architectes n'exerçant pas une profession industrielle ou commerciale, sont soumis, non à l'impôt édicté sur les bénéfices de ces professions par le titre Ier de la loi du 31 juillet 1917, mais à l'impôt sur les bénéfices des professions non commerciales, édicté par le titre IV de la même loi. (Réponse du Ministre des Finances, n° 4.596. *Journal Officiel*, 24 octobre 1920).

Les experts-géomètres exercent une *profession libérale* dès lors qu'ils n'accomplissent que des opérations rentrant normalement dans l'exercice de cette profession, telles que arpentage et délimitation de terrains, levées de plans, évaluation de propriétés, etc... *Mais* lorsqu'ils touchent des commissions sur les ventes d'immeubles réalisées par leur intermédiaire, ils doivent être considérés comme tenant une agence de vente d'immeubles et sont soumis, de ce chef, à l'impôt sur les bénéfices industriels et commerciaux. (Réponse du Ministre des Finances, n° 3.755. *Journal Officiel*, 1er décembre 1920).

Agents d'assurances. — L'Administration des Finances reconnaît que les agents d'assurances qui opèrent au nom et pour le compte de compagnies dont ils sont les mandataires attitrés ne sont pas des commerçants et n'ont, dès lors à supporter ni l'impôt sur les bénéfices industriels et commerciaux, ni, par voie de conséquence, l'impôt sur le chiffre d'affaires

Mais elle estime qu'en raison de la situation dans laquelle ils se trouvent vis-à-vis des compagnies qui les rémunèrent, ils ne sont pas davantage des salariés, passibles de l'impôt sur les traitements et salaires et qu'ils doivent être considérés, au point de vue fiscal, comme exerçant une profession non commerciale et soumis à l'impôt qui frappe les bénéfices des professions de cette catégorie. (Réponse du Ministre des Finances, n° 6.729. *Journal Officiel*, 9 mars 1921).

Voyageurs de commerce. — S'il prête son entremise pour l'achat ou la vente de marchandises sant être lié par aucun engagement et s'il perçoit indifféremment une commission, de l'acheteur ou du vendeur, ou si opérant pour le compte des maisons qui l'emploient, il agit cependant en son nom, et sous sa responsabilité, le contribuable en question exerce une profession commerciale, et il est, par suite passible de l'impôt sur les bénéfices industriels et commerciaux. *Par contre*, si, tout en conservant la liberté de ses agissements, l'intéressé opère sans s'engager lui-même et s'il est exclusivement rétribué par les maisons qui l'occupent, on doit le considérer comme exerçant une *profession non commerciale* et il se trouve dans le cas d'être assujetti à l'impôt qui frappe les revenus de cette catégorie.

Enfin, s'il est placé sous la dépendance étroite des maisons pour le compte desquelles il opère, le contribuable en cause n'est qu'un employé et doit être assujetti à l'impôt sur les traitements et salaires. (Réponse du Ministre des Finances n° 10.112. *Journal Officiel*, 14 août 1921).

Maîtres de pension. Chefs d'institution. — La doctrine et la jurisprudence s'accordent à reconnaître que les maîtres de pension et les chefs d'institution, bien qu'assujettis à la patente, ne sont pas des commerçants et ne font pas acte de commerce dans l'exercice de leur profession, alors même qu'ils logeraient et nourriraient leurs élèves. Toutefois, il en serait autrement si les maîtres de pension restaient totalement étrangers à l'instruction des élèves et se bornaient à leur faire donner des leçons par des professeurs ou surveillants à leur solde; ayant, dans ce cas, la qualité de commerçants, ils seraient redevables de l'impôt sur les bénéfices industriels et commerciaux. (Réponse du Ministre des Finances, n° 3.710. *Journal Officiel*, 9 novembre 1920).

Débitants de tabac. — Lorsqu'ils vendent exclusivement ou à titre principal du tabac et des produits monopolisés, les titulaires de bureau de tabac doivent être regardés, pour l'assiette des impôts sur le revenu, comme exerçant une *profession non commerciale* et soumis, pas suite, à l'impôt qui frappe les revenus des professions de cette catégorie; *mais*, s'ils se livrent, en outre, à l'exploitation d'un commerce (auberge, débit de boissons, etc.) ils doivent être soumis, pour l'ensemble de leurs bénéfices à l'impôt sur les bénéfices industriels et commerciaux. (Réponse du Ministre des Finances, n° 9.392. *Journal Officiel*, 30 juin 1921).

Experts. — Les personnes qui procèdent à des expertises ordonnées par l'autorité judiciaire accomplissent des opérations qui relèvent d'une profession non commerciale. (Réponse du Ministre des Finances, n° 13.015. *Journal Officiel* du 11 avril 1922).

§ II. Lieu de l'imposition. — L'impôt est établi dans la Commune où le contribuable est domicilié au 1er janvier de l'année de l'imposition.

§ III. L'établissement de l'impôt. — L'impôt est dû, chaque année, à raison des revenus de l'année précédente; ainsi l'impôt dû au titre de l'exercice 1922 est déterminé d'après le montant des revenus encaissés durant l'exercice 1921.

L'impôt atteint le « bénéfice net » des professions non commerciales, c'est-à-dire : l'excédent des recettes totales sur les dépenses nécessitées par l'exercice de la profession.

Au nombre des dépenses nécessitées par l'exercice de la profession, il y a lieu de noter : les impôts afférents à l'exercice de la profession, le loyer des locaux professionnels, les frais de chauffage et d'éclairage des locaux profession nels, les frais de bureau et de correspondance, les frais de téléphone, les frais de voyages et déplacements effectués pour la profession, la rémunération du personnel, les abonnements aux revues et journaux professionnels, les achats de livres techniques, l'amortissement du matériel professionnel, etc...

Les dépenses professionnelles dont les contribuables demandent la déduction pour l'établissement des impôts sur le revenu ne peuvent être retranchées du revenu brut des intéressés que dans la mesure où leur réalité est établie de façon suffisante. Le service local des Contributions directes, à qui il appartient d'apprécier si cette condition se trouve remplie, est dès lors fondé à demander, le cas échéant, aux redevables les justifications nésessaires à cet égard. (Réponse du ministre des Finances, n° 15865. *Journal Officiel* du 22 février 1923).

§ IV. Calcul de l'impôt. — (Article 1er. Loi du 25 juin 1920). L'impôt sur les bénéfices des professions non commerciales est calculé comme l'impôt sur les traitements et salaires.
(Voir chapitre III : *Calcul de l'impôt*).

§ V. Déclarations contrôlées. Pénalités. — *Déclaration* : Tout assujetti à l'impôt cédulaire sur les bénéfices des professions non commerciales, doit adresser ou remettre au contrôleur des Contributions directes, avant le 1er avril de chaque année, la déclaration du « revenu professionnel net » par lui réalisé au cours de l'année précédente.

La déclaration fournie est contrôlée par l'Administration qui est en droit de solliciter toutes indications par elle jugées nécessaires.

Sanction. — Au cas où l'assujetti ne fournit pas de déclaration dans le délai imparti, il est l'objet d'une mise en demeure suivie d'un nouveau délai de 20 jours (article 36, loi du 31 juillet 1917). Si l'assujetti, nonobstant l'invitation qui lui est adressée, ne fournit aucune déclaration dans le délai de 20 jours, il est taxé d'office, et l'impôt est majoré de moitié (de 50 %, — (à cette pénalité il est ajouté 2 décimes et demi, par application de l'article 110 de la loi du 25 juin 1920).

Déclaration insuffisante. — Selon les termes de l'article 3 de la loi du 31 juillet 1920 « le contribuable qui n'a déclaré qu'un revenu insuffisant est tenu s'il n'établit sa bonne foi, de verser, en sus des droits afférents au montant réel de son revenu imposable, une somme égale au *quadruple* de la partie de ces droits correspondant au revenu non déclaré; toutefois le droit en sus n'est applicable que si l'insuffisance constatée est supérieure au dixième du revenu imposable ». (A cette pénalité (quadruple droit) il est ajouté 2 décimes et demi par application de l'article 110 de la loi du 25 juin 1920).

§ VI. Réductions pour charges de famille. — (Voir chapitre VII : *Dispositions communes*).

§ VII. Demandes en décharge et en réduction. — (Voir chapitre VII : *Dispositions communes*).

§ VIII. Titulaires de charges et offices. — Les titulaires de charges et offices, les avocats au Conseil d'Etat et à la Cour de Cassation, les avoués, les notaires, les huissiers greffiers, commissaires-priseurs, experts, traducteurs jurés, arbitres rapporteurs, les liquidateurs et les agréés près les

Tribunaux de Commerce sont assujettis à l'impôt sur les bénéfices des *professions non commerciales*; *cependant*, en ce qui les concerne, l'impôt est calculé comme en matière de « bénéfices industriels et commerciaux ».

(Voir chap. I, § 6 : *Calcul de l'impôt*).

Les agréés près les Tribunaux de Commerce. — Les agréés près les Tribunaux de Commerce sont redevables de l'impôt cédulaire sur les bénéfices des professions non commerciales (Réponse du Ministre des Finances. *Journal Officiel* du 18 novembre 1921).

CHAPITRE V

L'impôt sur le revenu des immeubles bâtis

---

§ I. De la signification de l'expression « immeubles bâtis ». — L'impôt foncier (immeubles bâtis), impôt de répartition institué par la loi du 1er décembre 1790, a été transformé en un impôt de quotité, sur le revenu des immeubles bâtis, par la loi du 8 août 1890 ; ce dernier texte législatif a été successivement modifié par les lois des 29 mars 1914, 31 juillet 1917 et 25 juin 1920.

Selon la Jurisprudence du Conseil d'Etat (Conseil d'Etat 3 juin 1865 D. P. 1866-3-20 ; 30 juin 1869 D. P. 1871-3-30) *seules les constructions fixes et permanentes, soutenues par des fondations en maçonnerie,* doivent être considérées comme immeubles bâtis, au point de vue fiscal. *Cependant,* les terrains employés à un usage industriel ou commercial de même que les terrains utilisés pour la publicité industrielle ou commerciale, sont assimilés aux propriétés bâties pour l'établissement de l'impôt foncier.

Terrains employés à un usage industriel ou commercial. (Loi du 29 décembre 1884, article 1er). — Cet article assimile aux propriétés bâties, pour l'établissement de l'impôt foncier, les terrains non cultivés et employés à un usage industriel et commercial, c'est-à-dire ceux sur lesquels sont établis des chantiers, entrepôts ou dépôts, etc...

Terrains utilisés pour la publicité industrielle ou commerciale. — (Loi du 12 juillet 1912, article 7). — Cet article assimile aux propriétés bâties, pour l'établissement de l'impôt foncier, les terrains, cultivés au non, utilisés pour la publicité industrielle et commerciale par panneaux-réclames ou affiches similaires.

Sol sur lequel sont édifiés les immeubles bâtis. (Loi du 29 mars 1914, article 3). — «Les sols des bâtiments de toute nature et les terrains formant une dépendance indispensable et immédiate de ces constructions ne seront plus assujettis à la contribution foncière des propriétés non bâties; leur valeur locative entrera, le cas échéant, dans l'estimation du revenu servant de base à la « contribution foncière des propriétés bâties » afférente aux constructions. »

Exemptions permanentes.

1° *Immeubles bâtis appartenant à l'Etat.* — Selon les termes des articles 105 et suivants de la loi du 3 frimaire an VII (loi relative à la répartition, à l'assiette et au recouvrement de la contribution foncière) les immeubles bâtis appartenant à l'Etat, aux Départements et aux Communes, *affectés à un service public ou d'utilité générale, et non productifs de revenus,* ne sont pas imposés.

2° *Edifices du culte.* — (Loi du 9 décembre 1905 article 24, modifié par la loi du 19 juillet 1909). « *Les édifices affectés à l'exercice du culte*, appartenant à l'Etat, aux Départements ou aux Communes, continueront à être exemptés de *l'impôt foncier* et de l'Impôt des portes et fenêtres. Les édifices servant au logement des ministres des cultes, les séminaires, les facultés de théologie protestante qui appartiennent à l'Etat, aux Départements ou aux Communes, les biens qui sont la propriété des Associations et Unions, sont soumis aux mêmes impôts que ceux des particuliers. Toutefois, les *édifices affectés à l'exercice du culte* qui ont été attribués aux Associations et Unions en vertu des dispositions de l'article 4 de la présente loi, sont au même titre que ceux qui appartiennent à l'Etat, aux Départements ou aux Communes, exonérés de *l'impôt foncier* et de l'impôt des portes et fenêtres ».

3° *Bâtiments ruraux des exploitations agricoles*. — Selon les termes de l'article 85 de la loi du 3 frimaire an VII, « les bâtiments servant aux exploitations rurales, tels que granges, écuries, greniers, caves, celliers, pressoirs et autres, destinés soit à loger les bestiaux des fermes et métairies, ou à serrer les récoltes, ainsi que les cours desdites fermes ou métairies, *ne seront soumis à la contribution foncière qu'à raison du terrain qu'ils enlèvent à la culture*, évalué sur le pied des meilleures terres labourables de la Commune ».

N. B. — Le bénéfice des dispositions de l'article 85 de la loi du 3 frimaire an VII, est étendu aux bâtiments qui servent à loger, indépendamment des bestiaux des fermes et métairies, le gardien de ces bestiaux. (Article 5, paragraphe 2. Loi du 8 août 1890).

Exemptions temporaires.

1° *Constructions nouvelles.* (Loi du 8 août 1890, article 9). — Les constructions nouvelles, les reconstructions, et les additions de construction seront imposées par comparaison avec les autres propriétés bâties de la Commune où elles seront situées.

Elles ne seront soumises à la contribution foncière que la troisième année après leur achèvement.

Pour jouir de l'exemption temporaire spécifiée au deuxième paragraphe du présent article, le propriétaire devra faire à la mairie de la commune où sera élevé le bâtiment passible de la contribution et dans les 4 mois à partir de l'ouverture des travaux, une déclaration indiquant la nature du bâtiment, sa destination et la désignation, d'après les documents cadastraux, du terrain sur lequel il doit être construit.

Sont considérées comme constructions nouvelles, la conversion d'un bâtiment rural en maison ou en usine, etc...

2° *Maisons à usage d'habitation, construites avant 1927.* (Loi du 31 mars 1922, article 20). — L'exemption temporaire d'impôt foncier dont bénéficient, en vertu de l'article 9 de la loi du 8 août 1890, les constructions nouvelles, les reconstructions et les additions de construction, est portée à *quinze ans,* à compter de l'année qui suivra celle de leur achèvement, pour les constructions nouvelles, reconstructions et additions de construction, commencées et non encore terminées, ainsi que pour celles qui seront entreprises postérieurement à la promulgation de la présente loi, *pourvu qu'elles soient achevées avant le 31 décembre 1927.*

Sont toutefois exclus du bénéfice des dispositions qui précèdent :

1º Les immeubles ou portions d'immeubles affectés à un autre usage que l'habitation;

2º Les immeubles ou portions d'immeubles construits par les sinistrés de la guerre ou leurs ayants-droit et ayant donné lieu à l'attribution de l'indemnité prévue par le 1er alinéa de l'article 4 de la loi du 17 avril 1919, relative à la réparation des dommages de guerre;

3º Les habitations d'agrément, de plaisance ou servant à la villégiature.

Les immeubles ou portions d'immeubles appelés à bénéficier des immunités fiscales instituées par le présent article qui seraient ultérieurement affectés à un autre usage que l'habitation, cesseront d'avoir droit à ces immunités à compter de l'année immédiatement postérieure à celle de leur transformation, sans toutefois pouvoir être soumis à la contribution foncière avant l'expiration du délai d'exemption fixé par l'article 9 de la loi du 8 août 1890.

§ II. Les assùjettis. — L'impôt sur le revenu des immeubles bâtis est dû, chaque année, par toute personne propriétaire d'un immeuble bâti sis en France; peu importe que le propriétaire soit un simple particulier, ou une personne morale; qu'il soit, ou non, de nationalité française; qu'il soit, ou non, domicilié en France.

L'impôt est établi dans la Commune où est situé chaque immeuble.

§ III. Le revenu imposable. — Le « *revenu net* » qui sert de base à l'impôt foncier d'un immeuble bâti est égal à la valeur locative dudit immeuble, diminuée d'une certaine somme représentative du dépérissement, des frais d'entretien et de réparations.

1º Détermination de la « valeur locative » des immeubles bâtis.

La « valeur locative » prise en considération pour le calcul du revenu net imposable est déterminée :

D'après le prix et les conditions du bail, s'il s'agit d'un immeuble donné en location; (dans la mesure toutefois où ce prix apparaît normal).

Par comparaison avec un immeuble similaire, s'il s'agit d'un immeuble occupé par le propriétaire.

Par l'application d'un taux d'intérêt approprié à la valeur vénale de l'immeuble, s'il s'agit d'un bâtiment n'ayant point son semblable dans la région.

Révision décennale de la valeur locative des immeubles bâtis. (Loi du 8 août 1890, article 8). — Les évaluations servant de base à la contribution foncière des propriétés bâties seront révisées tous les 10 ans.

(Loi du 29 mars 1914, article 22). — « Dans chaque département les (20) séries de Communes formées en vue de la révision périodique du revenu des propriétés non bâties seront groupées deux à deux, et chaque année la révision décennale du revenu des propriétés bâties, prescrite par l'article 8 de la loi du 8 août 1890, sera effectuée dans les Communes de l'un de ces dix groupes ».

Réclamations des propriétaires. Recours gracieux. (Loi du 29 mars 1914, article 12). —« Les résultats des évaluations seront communiqués aux propriétaires qui pourront, dans le délai *d'un mois* à partir de la réception de la lettre d'avis qui leur sera adressée, réclamer copie du détail des opérations d'évaluation de leurs propriétés. Les intéressés auront un délai de *deux mois* à dater de la réception de cette copie, ou de *trois mois* à dater de la réception du premier avis, pour présenter par écrit leurs observations qui seront soumises à la Commission de classement ».

Recours contentieux devant les tribunaux administratifs. (Loi du 8 août 1890, article 7). — « Tout propriétaire de propriété bâtie est admis à réclamer contre l'évaluation attribuée à son immeuble pendant les 6 *mois* à dater de la publication du premier rôle dans lequel cet immeuble aura été imposé et pendant 3 *mois* à partir de la publication du rôle suivant ».

Les révisions périodiques sont suspendues. (Loi du 31 juillet 1918, article 1er). — « Les révisions périodiques des évaluations foncières prévues par la loi du 29 mars 1914 sont suspendues. Une loi ultérieure déterminera la date de l'exécution de ces révisions et le point de départ de l'application de leurs résultats ».

2° *Détermination du revenu net imposable.*

Selon les termes de l'article 5 de la loi du 8 août 1890, modifié par l'article 2 de la loi du 13 juillet 1900 : « La contribution foncière des propriétés bâties sera, à partir du 1er janvier 1901, réglée en raison de la valeur locative de ces propriétés telle qu'elle résultera de la révision décennale effectuée conformément à l'article 8 de la loi du 8 août 1890, *sous déduction de 25 % pour les maisons, et de 40 % pour les usines,* en considération du dépérissement et des frais d'entretien et de réparations ».

En d'autres termes, le revenu net qui sert de base à l'impôt foncier est égal aux 3/4 (75 %) de la valeur locative s'il s'agit de maisons, aux 3/5 (60 %) de la valeur locative s'il s'agit d'usines.

§ IV. Calcul de l'impôt. — Selon les termes de l'article 1er de la loi du 25 juin 1920 le taux de la contribution foncière des propriétés bâties est fixé, en principal, à 10 %.

N. B. — (Au principal perçu au profit de l'Etat, viennent s'ajouter les centimes additionnels perçus au profit des Départements et Communes).

Exemple : La valeur locative d'un immeuble bâti a été fixée à 2.000 francs. Quelle sera l'importance de l'impôt foncier ?

a) S'il s'agit d'une maison, le revenu net imposable = 3/4 de 2.000 fr. = 1.500 fr.

$$\text{Impôt foncier perçu au profit de l'Etat} = \frac{10 \times 1.500}{100}$$

= 150 fr.

b) S'il s'agit d'une usine, le revenu net imposable = 3/5 de 2.000 fr. = 1.200 fr.

$$\text{Impôt foncier perçu au profit de l'Etat} = \frac{10 \times 1.200}{100}$$

= 120 fr.

§ V. Réductions pour charges de famille. — (Voir Ire Partie, chapitre VII : *Dispositions communes*).

§ VI. Instances, juridiction compétente. — (Voir Ire Partie, chapitre VII : *Dispositions communes*).

CHAPITRE VI

L'impôt sur le revenu des immeubles non bâtis

§ I. De la signification de l'expression « immeubles non bâtis ». — L'impôt foncier (immeubles non bâtis) impôt de répartition, à l'origine, a été transformé en un impôt de quotité, sur le revenu des immeubles nonbâtis, par l'article 1er de la loi du 29 mars 1914.

En langage courant, toute portion du sol, sur laquelle n'est élevée aucune construction à perpétuelle demeure, constitue un immeuble non bâti; cette définition ne serait cependant point rigoureusement exacte au point de vue fiscal.

En effet, certaines portions du sol qui ne supportent aucune construction permanente, sont cependant assimilées à des propriétés bâties pour l'établissement de l'impôt foncier; il en est ainsi des terrains employés à un usage industriel ou commercial, et des terrains utilisés pour la publicité industrielle ou commerciale. (Voir 1re partie, chapitre V, paragraphe I).

Il y a lieu de noter, par contre, que les *bâtiments ruraux des exploitations agricoles* sont assimilés aux propriétés non bâties pour l'établissement de l'impôt foncier. (Voir 1re partie, chapitre V, paragraphe I).

N. B. — En ce qui concerne le *sol sur lequel sont édifiés les immeubles bâtis,* (voir 1re partie, chapitre V, paragraphe I).

Exemptions permanentes. — Propriétés non bâties appartenant à l'Etat. — Sont exemptes de l'impôt, les propriétés non bâties, appartenant à l'Etat, aux Départements et aux Communes, affectées à un service public et non productives de revenus.

Forêts domaniales. — Les forêts domaniales, bien que productives de revenus, ne sont cependant pas assujetties au principal de l'impôt foncier non bâti; en vertu des dispositions de l'article 144 de la loi du 5 avril 1884, elles supportent cependant les centimes additionnels perçus au profit des Départements et Communes.

Exemptions temporaires. — Les terrains situés dans les montagnes dénudées, dans les dunes et les landes, dans les Départements atteints par le phylloxera, etc... sont l'objet d'exemptions temporaires, totales ou partielles.

§ II. Les assujettis. — L'impôt sur le revenu des immeubles non bâtis est dû, chaque année, par toute personne propriétaire d'un immeuble non bâti sis en France; peu importe que le propriétaire soit un simple particulier ou une personne morale; qu'il soit, ou non, de nationalité française, qu'il soit, ou non, domicilié en France. L'impôt est établi dans la Commune où est situé chaque immeuble non bâti.

§ III. Le revenu imposable. — Le « *revenu net* » qui sert de base à l'impôt foncier d'un immeuble non bâti est égal à la valeur *locative* dudit immeuble, diminuée d'une certaine somme représentative des frais d'entretien et des amortissements.

1° Détermination de la valeur locative des immeubles non bâtis.

La valeur locative prise en considération pour le calcul du « revenu net » imposable est déterminée :

D'après le prix et les conditions du bail, s'il s'agit de terrains donnés en location (dans la mesure toutefois où ce prix apparaît normal).

Par comparaison avec un immeuble similaire, ou par application d'un taux d'intérêt approprié à la valeur vénale de l'immeuble, s'il s'agit d'un immeuble non bâti, non donné en location.

Révisions des évaluations (Loi du 29 mars 1914, article 7). — « Les évaluations servant de base à la contribution foncière des propriétés non bâties seront, dans chaque Commune, révisées tous les 20 ans. A cet effet, les Communes de chaque Département seront réparties en 20 séries et, chaque année, les évaluations seront révisées dans les Communes de l'une de ces 20 séries prises à tour de rôle ».

Réclamations des propriétaires. (Voir 1re partie, chapitre V, paragraphe 1er).

Les révisions périodiques sont suspendues. — Les révisions périodiques des évaluations foncières, prévues par la loi du 29 mars 1914, ont été suspendues, jusqu'à nouvel ordre, par l'article 1er de la loi du 31 juillet 1918.

« Les conditions économiques actuelles sont susceptibles de provoquer des variations dans le cours des fermages et rendent inopportune une révision d'ensemble des évaluations foncières; il convient d'attendre, pour commencer ce travail, que le prix des baux ruraux se soit stabilisé. Pour la même raison, il ne semble pas possible d'envisager l'exécution des révisions exceptionnelles, dont les résultats risqueraient de ne plus correspondre bientôt à la réalité et qui auraient, en outre, l'inconvénient de créer, de Commune à Commune, des inégalités injustifiées ». (Réponse du Ministre des Finances n° 3.808. *Journal Officiel* du 22 décembre 1920).

2° *De la détermination du revenu net imposable.*

Selon les dispositions de l'article 2 de la loi du 29 mars 1914, le « *revenu net imposable* » d'un immeuble non bâti est égal aux 4/5 de la valeur locative de cet immeuble.

La réduction forfaitaire de 1/5 appliquée à la valeur locative, correspond aux frais d'entretien et autres que supportent les propriétaires.

§ IV. Calcul de l'impôt. — Selon les termes de l'article 1er de la loi du 25 juin 1920, le taux de la contribution foncière des propriétés non bâties est fixé, en principal à 10 % (des centimes additionnels Départementaux et Communaux viennent s'ajouter à ce principal).

Exemple : La valeur locative d'un immeuble non bâti est fixée à 2.000 francs. Quelle sera l'importance de l'impôt foncier non bâti perçu au profit de l'Etat ?

```
Valeur locative .............   2.000 fr.
Revenu imposable ...........   2.000 fr. × 4/5 = 1.600 fr.
Impôt (principal)...........   1.600 × 10 % = 160 fr.
```

§ V. **Réductions pour charges de famille.** — (Voir première partie, chapitre VI1 : *Dispositions communes*).

§ VI. **Instances, juridiction compétente.** — (Voir première partie, chapitre VII : *Dispositions communes*).

CHAPITRE VII

Dispositions communes

---

§ I. Réductions pour charges de famille. — Tout contribuable ayant des charges de famille, a droit, sur les impôts cédulaires traités à travers les chapitres précédents (savoir: *Impôt* sur les bénéfices industriels et commerciaux, *Impôt* sur les bénéfices de l'exploitation agricole, *Impôt* sur les traitements et salaires, *Impôt* sur les bénéfices des professions non commerciales, *Impôt* sur le revenu des immeubles bâtis, *Impôt* sur le revenu des immeubles non bâtis) à une réduction déterminée de la manière suivante :

a) Tout assujetti dont le *revenu global net annuel*, défalcation faite des déductions auxquelles l'intéressé a droit à raison de sa situation et de ses charges de famille, *n'est pas supérieur à 10.000 francs*, a droit à une *réduction* d'impôt de 7,50 % pour chacune des deux premières personnes à sa charge, à une *réduction* de 15 % pour chacune des autres, à partir de la troisième.

b) Tout assujetti dont le *revenu global net annuel*, défalcation faite des déductions auxquelles l'intéressé a droit, à raison de sa situation et de ses charges de famille, *est supérieur à 10.000 francs*, a droit à une *réduction* d'impôt de 5 %, pour chacune des trois premières personnes à sa charge, à une *réduction* de 10 % pour chacune des autres, à partir de la quatrième; dans ce cas, le montant total de la réduction ne peut dépasser *300 francs* par personne à charge.

Remarque. — Peuvent être considérés comme personnes à charge :

1º Les ascendants agés de plus de 70 ans ou infirmes.

2º Les descendants agés de moins de 21 ans, ou infirmes.

3º Les enfants adoptés ou recueillis, agés de moins de 21 ans ou infirmes.

Réductions pour charges de famille. — Les dégrèvements auxquels ont droit les contribuables, notamment sur l'impôt foncier, à raison de leurs charges de famille, ne sont pas prononcés d'office par l'Administratilon; pour s'assurer le bénéfice de ces dégrèvements, les intéressés doivent, en effet, d'après l'article 52 de la loi du 31 juillet 1917, faire parvenir dans les trois premiers mois de l'année, au contrôleur des Contributions directes du lieu de leur domicile, une déclaration faisant connaître : les nom, prénoms, date et lieu de naissance de chacune des personnes à leur charge, ainsi que les impôts sur lesquels doivent porter les dégrèvements; cette déclaration demeure d'ailleurs valable tant que ses indications n'ont pas cessé d'être exactes. (Réponse du Ministre des Finances, nº 7.797. *Journal Officiel*, 25 mars 1921)

Les avertissements délivrés aux contribuables pour l'acquit de la contribution foncière aussi bien que des impôts sur les revenus font distinctement apparaître, dans des colonnes séparées,

a) le montant brut de l'impôt;

b) le montant des réductions pour charges de famille;

c) le montant net de l'impôt à acquitter.

Les redevables sont dès lors à même de se rendre très facilement compte, à la simple lecture de leur avertissement, s'il a été fait état des dégrèvements auxquels ils peuvent avoir droit en raison de leurs charges de famille, comme de vérifier l'exactitude du montant des réductions dont il s'agit. Alors même qu'il serait soumis à l'impôt dans plusieurs communes, le contribuable qui veut s'assurer le bénéfice des réductions auxquelles il peut prétendre en raison de sa situation de famille, n'est tenu de produire qu'une seule déclaration qui, conformément aux dispositions de l'article 52 de la loi du 31 juillet 1917, doit être adressée au contrôleur des Contributions directes de la commune où l'intéressé a son domicile.

Les impôts sur les bénéfices de l'exploitation agricole, sur les traitements, salaires, pensions et rentes viagères, et sur les bénéfices des professions non-commerciales étant établis au lieu du domicile du contribuable, c'est à l'agent qui a reçu la déclaration qu'il appartient dans tous les cas, d'assurer l'application des réductions affectant ces impôts. Il en est de même pour l'impôt sur les bénéfices industriels et commerciaux quand le siège de l'entreprise est situé dans la division de cet agent; dans le cas contraire, ce dernier adresse les renseignements nécessaires à son collègue du lieu où ce siège est situé.

Quant aux déclarations visant la contribution foncière, elles sont communiquées à la direction des Contributions directes, qui assure les dégrèvements convenables pour ce qui est des propriétés situées dans le département et fait parvenir, le cas échéant, aux autres directions intéressées, les données nécessaires pour permettre le calcul des réductions concernant les immeubles situés dans leurs départements respectifs. (Réponse du Ministre des Finances, n° 16254. *Journal Officiel* du 22 février 1923).

§ II. Demandes en décharge ou en réduction. (*Procédure. Tribunal compétent*). — Selon les termes de l'article 4 de la loi du 28 pluviose, an VIII, et des articles 28, 29 et 30 de la loi du 21 avril 1832, tout contribuable qui se croit taxé à tort, ou surtaxé, (impôts directs) doit adresser une demande en décharge ou en réduction, au *Sous-Préfet* de son arrondissement; si aucun accord n'intervient entre le réclamant et l'Administration des Contributions directes, le *Conseil de Préfecture* du département est appelé à statuer; l'arrêté du Conseil de Préfecture peut être attaqué devant le *Conseil d'État.*

Selon les articles 21 et 51 de la loi du 31 juillet 1917, les réclamations relatives : *à l'impôt* sur les bénéfices de l'exploitation agricole, *l'impôt* sur les bénéfices industriels et commerciaux, l'*impôt* sur les traitements et salaires, les pensions et rentes viagères, *l'impôt* sur les bénéfices des professions non commerciales, *l'impôt* sur les revenus des immeubles bâtis ou non-bâtis, doivent être présentées, instruites et jugées comme en matière de contributions directes; toutefois, les réclamations doivent être jugées et les décisions prononcées en audience non-publique.

Pratiquement, en conséquence, toutes les réclamations (demandes en décharge ou en réduction) relatives à l'un quelconque des six impôts cédulaires examinés à travers les précédents chapitres,

1º doivent être adressées au Sous-Préfet (ou au Préfet) de l'arrondissement dans lequel est établie l'imposition.

2º doivent être rédigées sur papier timbré si elle sont pour objet une cote égale ou supérieure à 30 francs.

3º doivent être formulées et déposées (article 20, loi du 31 décembre 1921) *dans le délai de 3 mois*, à dater du premier jour du mois qui suit la publication du rôle.

4º doivent contenir, à peine de nullité, les indications suivantes :

        la contribution visée;

        le numéro de l'article du rôle.

        l'exposé sommaire des moyens invoqués.

La juridiction compétente est le *Conseil de Préfecture* qui juge les affaires et prononce les décisions en audience non publique.

Tout arrêté du Conseil de Préfecture, en pareille matière,

peut être attaqué devant le Conseil d'Etat, dans un *délai de 2 mois*, à dater de la notification de cet arrêté par le Directeur des Contributions directes.

§ III. Manœuvres frauduleuses. — (*Loi du 25 juin 1920. article 112*). — « Quiconque se sera frauduleusement soustrait ou aura tenté de se soustraire frauduleusement au paiement total ou partiel des impôts établis par les lois au profit du Trésor public, sera puni d'une amende de 1.000 francs au moins et de 5.000 francs au plus, sans préjudice des droits du Trésor.

En cas de récidive dans un délai de cinq ans, il sera puni, en outre, d'un emprisonnement *d'un an* au moins et de *cinq ans* au plus, et pourra être privé en tout ou en partie, pendant *cinq ans* au moins et *dix ans* au plus, des droits civiques énumérés par l'article 42 du Code pénal.

Le Tribunal pourra, en plus, ordonner que le jugement sera publié intégralement ou par extraits dans les journaux qu'il désignera et qu'il sera affiché dans les lieux qu'il indiquera, le tout aux frais du condamné, sans toutefois que les frais de la publication ou de l'affichage puissent dépasser 5.000 francs. Les dispositions des six derniers alinéas de l'article 7 de la loi du 1er août 1905 sur la répression des fraudes dans les ventes de marchandises et des falsifications des denrées alimentaires et des produits agricoles seront applicables.

L'article 463 du Code pénal pourra être appliqué.

Les poursuites seront engagées à la requête de l'Administration compétente et portées devant le Tribunal correctionnel dans le ressort duquel l'impôt aurait dû être acquitté etc..., etc.. »

N. B. — Il y a lieu de remarquer que le montant des *amen-*

des pénales, prononcées par les Cours et Tribunaux, est majoré de *20 décimes*, par application de l'alinéa 2 de l'article 110 de la loi du 25 juin 1920.

Les 20 décimes prévus par le deuxième alinéa de l'article 110 de la loi du 25 juin 1920 s'ajoutent aux 2 décimes et demi créés par les lois antérieures ». (Réponse du Ministère des Finances, n° 5.119. *Journal Officiel*, 26 janvier 1921).

§ **IV. Taxation insuffisante.** — Selon les termes de l'article 54 de la loi du 31 juillet 1917, « les omissions totales ou partielles constatées dans l'assiette de *l'un quelconque des impôts institués par la présente loi*, peuvent être réparées jusqu'à l'expiration de la *cinquième année* suivant celle au cours de laquelle l'imposition aurait dû être établie. (Voir Réponse ministérielle, chapitre I, paragraphe 8. *Taxation insuffisante*)

D'après les dispositions législatives en vigueur, les omissions et insuffisances de droits constatées, en matière d'impôts sur les revenus, peuvent, quelle que soit la cause, être valablement réparées jusqu'à l'expiration de la cinquième année suivant celle au cours de laquelle l'imposition aurait dû être établie. Ces dispositions, d'une portée générale, sont applicables en particulier dans le cas où l'évaluation des bénéfices professionnels déterminés par application d'un coefficient au chiffre d'affaires vient à être reconnue notablement insuffisante. Mais une majoration de droits ne peut être imposée à titre de pénalité que si le contribuable, lors de la première taxation, a fourni volontairement à l'administration des renseignements inexacts. (Réponse du Ministre des Finances, n° 16454. *Journal Officiel* du 23 février 1923).

CHAPITRE VIII

L'impôt sur le revenu des capitaux mobiliers, des créances, dépôts et cautionnements

---

A. L'IMPOT SUR LE REVENU DES CAPITAUX MOBILIERS

§ I. **Revenus assujettis.** — Les revenus (dividendes, parts sociales, intérêts, arrérages et tous autres produits) des actions, parts de fondateurs, parts d'intérêts, commandites et obligations, émises, *soit* par les sociétés ou collectivités privées (sociétés et compagnies françaises ou étrangères) *soit* par les collectivités administratives (communes, départements, colonies, gouvernements étrangers) sont assujettis à l'impôt.

Remarque 1. — Jusqu'à ce jour, les rentes françaises ne sont pas assujetties à l'impôt; seules les rentes 3 1/2 %

amortissables, ont été assujetties à l'impôt sur le revenu par l'article 3 de la loi du 20 juin 1914.

Remarque II. — Selon les termes de l'article 1er de la loi du 1er décembre 1875, les parts des associés en nom collectif, de même que les parts des *commandités*, dans les Sociétés en commandite simple, ne sont pas assujetties à l'impôt sur le revenu; au contraire, les parts des *commanditaires* sont assujetties.

§ II. Etablissement de l'impôt. — En principe, l'impôt est dû dès que l'on se trouve en présence d'une distribution de bénéfices, d'intérêts ou arrérages; en d'autres termes, « c'est la mise en paiement du revenu qui est le fait générateur de l'impôt » selon l'expression employée par Monsieur le Ministre des Finances à travers sa réponse no 6.046. (*Journal Officiel*, 19 janvier 1921).

L'impôt atteint, s'il s'agit de bénéfices mis en distribution par une société anonyme, les dividendes tels qu'ils ont été fixés par l'Assemblée générale ou le Conseil d'administration; s'il s'agit de bénéfices mis en distribution par une société en commandite simple, les sommes distribuées aux *commanditaires*; s'il s'agit d'intérêts ou arrérages, le montant des intérêts ou arrérages distribués dans l'année.

L'impôt est acquitté par les sociétés et collectivités qui distribuent les revenus assujettis; cependant, il pèse, en définitive sur les actionnaires, les obligataires, les commanditaires, prêteurs et rentiers, puisque les Sociétés en retiennent le montant lors du paiement des dividendes, parts, intérêts ou arrérages.

Sociétés en commandite simple. — Dans le cas d'une entreprise exploitée par une société en commandite simple, les deux impôts cédulaires exigibles sont : l'impôt de 8 % sur les bénéfices industriels et commerciaux, la taxe de 10 % sur le revenu des valeurs mobilières. La société dont il s'agit jouissant d'une personnalité distincte et indépendante de celle des membres qui la composent, seule la charge de l'impôt de 8 % (bénéfices industriels et commerciaux) lui incombe définitivement. Par contre, l'impôt de 10 % (sur le revenu des valeurs mobilières) est à la charge des *commanditaires.* Ce qui peut prêter à confusion, c'est que, aux termes de la loi du 27 juin 1872, la Société doit verser *la taxe de 10 % sur le revenu de la commandite,* à l'Administration de l'Enregistrement; *mais* il s'agit là d'une simple avance que la Société récupère, par la suite, sur les *commanditaires* qui en sont, en définitive, seuls redevables. Les deux taxes de 8 % et de 10 % ne constituent donc aucunement une double imposition. (Réponse du Ministre des Finances, n° 5.148. *Journal Officiel,* 14 juin 1922).

Sociétés par actions. — Lorsqu'une entreprise est exploitée par une société anonyme, les 2 impôts cédulaires exigibles sont : l'impôt de 8 % sur les bénéfices industriels et commerciaux, et l'impôt de 10 % sur le revenu des valeurs mobilières. L'impôt de 8 % est établi au nom de la Société, sur l'ensemble des bénéfices réalisés au cours d'un même exercice; l'impôt de 10 % qui atteint les dividendes distribués, bien que payé par la Société, est, en définitive, supporté par les actionnaires.

Société distribuant à ses actionnaires le montant des revenus de son portefeuille. — Une société anonyme qui possède un « portefeuille titres » supporte la taxe de 10 % sur le revenu des valeurs mobilières lorsqu'elle encaisse les revenus des titres qu'elle a en portefeuille. Lorsque la même société distribue à ses actionnaires le montant des revenus de son portefeuille, la taxe de 10 % est encore supportée par les actionnaires; en effet :

« L'impôt de 10 % que la Société acquitte lorsqu'elle touche « des intérêts ou dividendes, n'atteint pas, juridiquement,

« les actionnaires; en conséquence les actionnaires sont tenus
« d'acquitter la taxe de 10 % sur les dividendes que la Société
« leur distribue, *même lorsque ces dividendes proviennent d'in-*
« *térêts ou dividendes sur lesquels la Société* a déjà payé la taxe
« en son nom personnel. (Réponses du Ministre des Finances.
« n° 6.341 et 6.396. *Journal Officiel*, 26 février 1921) ».

« Les sociétés jouissent d'une personnalité juridique propre,
complètement distincte de celle de leurs membres; quand elle
touche les intérêts d'un prêt ou d'un dépôt, une Société agit
à titre personnel, comme un simple particulier; l'impôt qu'elle
acquitte à cette occasion, en sa qualité de créancière, par
application de l'article 38 de la loi du 31 juillet 1917, n'atteint
pas, juridiquement, les associés qui, pris individuellement,
restent étrangers à l'opération. Aussi cet impôt ne fait-il pas
double emploi avec celui dont les associés sont tenus quand la
Société leur distribue des dividendes, *même si ces dividendes
proviennent des intérêts sur lesquels la Société a déjà payé la taxe
en son nom personnel* (voir arrêt. Cour de Cassation, 9 novembre 1886. D. P. 1887-3-341). Il y a deux opérations, abso-
lument indépendantes l'une de l'autre, des matières imposables
différentes, des contribuables distincts ». (Réponse du Ministre des Finances, n° 9.604. *Journal Officiel*, 5 juillet 1921).

Réserves mises en distribution. — Des termes généraux
employés par les articles 1, 2 et 3 de la loi du 29 juin 1872,
il résulte que cette disposition comprend, pour les soumettre
à l'impôt sur le revenu, sans distinction d'origine, toutes les
sommes et valeurs qui, entrées dans la caisse sociale, sont
distribuées aux actionnaires comme produits de leurs titres.

Par suite, la taxe est exigible sur la distribution aux actionnaires d'une somme prélevée sur la réserve constituée au moyen
de ventes d'immeubles. (Cour de Cassation, 4 avril 1922. *Gazette du Palais*, 25 octobre 1922).

Somme attribuée au Conseil d'Administration. — Lorsque
les statuts d'une Société anonyme disposent qu'une somme
de 20.000 francs sera prise chaque année sur les bénéfices res-
tant après les prélèvements légaux et remise en bloc au Conseil
d'Administration, libre d'en faire à son gré la répartition entre ses membres, cette somme représente la rétribution des

apports des Administrateurs et est soumise, en conséquence, à l'impôt sur le revenu des valeurs mobilières. (Cassation 4 janvier 1922. *Revue Synthétique*, G. Commaille, 1922, n° 2, article 1787).

La taxe est-elle due sur la différence entre la *valeur d'émission* et la *valeur de remboursement* des actions, en cas de liquidation amiable d'une Société anonyme?

« La taxe de 10 % est incontestablement due, dans l'espèce signalée, sur tout ce qui excède le montant de l'apport originaire des associés. Toute distribution ayant pour objet un excédent du *fonds social* sur le *capital social* constitue une distribution de bénéfices, qu'elle soit faite au cours de la Société ou en fin d'entreprise. Cette règle, consacrée par une jurisprudence constante, découle du texte même de l'article 1er de la loi du 29 juin 1872, fondamentale en la matière, qui assujettit à la taxe, non seulement les intérêts, dividendes et revenus *mais* tous autres produits des actions des Sociétés ». (Réponse du Ministre des Finances n° 15.191. *Journal Officiel*, 16 décembre 1922).

§ III. **Taux de l'impôt.** (Loi du 25 juin 1920, article 40). — « La taxe de 5 % établie *sur le revenu des valeurs mobilières* par les lois des 29 juin 1872, 21 juin 1875, 28 décembre 1880, 29 décembre 1884, 26 décembre 1890, 13 juillet 1911, 29 mars 1914 (article 33), 30 décembre 1916 (articles 11 et 12), 31 juillet 1917 (article 38) est portée à *10 francs par 100 francs.*

La taxe de 10 % établie par les articles 5 de la loi du 21 juin 1875, 20 de la loi du 25 février 1901, et 11 de la loi du 30 décembre 1916, *sur les lots payés* aux créanciers et aux porteurs d'obligations, effets publics et tous autres titres d'emprunts, est fixée à *20 francs par 100 francs.* La taxe de 6 % établie par les articles 31, 34 et 42 de la loi du 29 mars

1914, et l'article 11 de la loi du 30 décembre 1916, sur le *revenu des valeurs mobilières étrangères* qui ne sont pas soumises au régime de l'abonnement, ainsi que sur les *titres de rentes, emprunts et autres effets publics des gouvernements étrangers,* est fixée à *12 francs par 100 francs.*

Dispositions en faveur des petits rentiers.

Article 51. — Loi du 25 juin 1920. — Les titulaires de titres nominatifs d'obligations émis par les villes ou départements français, le Crédit foncier de France et les Sociétés ou compagnies concessionnaires de chemins de fer français ou coloniaux, ont droit au remboursement de la moitié de l'impôt sur le revenu des capitaux mobiliers payé par eux par voie de retenue sur le montant des arrérages ou intérêts de leurs titres par application de l'article 1er, n° 2 de la loi du 29 juin 1872 et de l'article 31 de la loi du 29 mars 1914, à la condition :

1°) qu'ils justifient avoir eu une résidence habituelle en France au 1er janvier de l'année pendant laquelle ils ont touché lesdits arrérages ou intérêts;

2°) qu'ils certifient que le montant du revenu global net dont ils ont disposé durant cette année, calculé de la manière prescrite par les lois en vigueur pour l'établissement de l'impôt général sur le revenu, n'a pas dépassé 6.000 fr.

Ce remboursement ne pourra être demandé que pendant l'année qui suivra celle de la perception des arrérages ou intérêts.

Toute déclaration inexacte sera punie d'une amende égale au quintuple des taxes dont le remboursement aura été indûment obtenu, sans que cette amende puisse être inférieure à 500 fr. sans décimes.

Un règlement d'administration publique déterminera les conditions d'application du présent article.

B) L'IMPOT SUR LES REVENUS DES CRÉANCES DEPOTS ET CAUTIONNEMENTS

§ 1. Revenus assujettis et revenus exonérés. — (*Loi du 31 juillet 1917), article 38.* — « L'impôt sur les revenus des capitaux mobiliers, établi par les articles 31 et suivants de la loi du 29 mars 1914, et dont le taux a été modifié par l'article 11 de la loi du 30 décembre 1916, s'applique aux intérêts, arrérages et tous autres produits :

1º des créances, hypothécaires, privilégiées et chirographaires, à l'exclusion de toute opération commerciale ne présentant pas le caractère juridique d'un prêt.

2º des dépôts de sommes d'argent, à vue ou à échéance fixe, quel que soit le dépositaire, et quelle que soit l'affectation du dépôt.

3º des cautionnements en numéraire ».

article 39. — « Sont affranchis de l'impôt sur le revenu des capitaux mobiliers :

1º Les intérêts des sommes inscrites sur les livrets des Caisses d'épargne.

2º Les intérêts des créances hypothécaires ou privilégiées en représentation desquelles les Sociétés ou Compagnies autorisées par le Gouvernement à faire des opérations de crédit foncier, ont émis des obligations, titres ou valeurs soumis eux-mêmes à l'impôt sur le revenu ».

Créances.—Les revenus des « *créances civiles* » sont toujours assujettis à l'impôt; quant-aux revenus d'une « *créance commerciale* » ils ne sont assujettis que dans la mesure où l'on se trouve en présence d'une opération possédant le caractère juridique d'un prêt.

Dépôts. — Les revenus des dépôts, à vue ou à échéance fixe, peu importe d'ailleurs la qualité du dépositaire (Société, banque, établissement public, simple particulier), sont assujettis à l'impôt.

« L'article 38 de la loi du 31 juillet 1917, dispose que l'impôt sur le revenu des capitaux mobiliers s'applique aux intérêts, arrérages et tous autres produits, des dépôts de sommes d'argent, à vue ou à échéance fixe, quel que soit le dépositaire et quelle que soit l'affectation du dépôt. En raison de la généralité de ce texte qui ne comporte aucune distinction, les intérêts de tous les dépôts, à vue ou à échéance fixe, sont atteints par la taxe, quel que soit le caractère, civil ou commercial, desdits dépôts ». (Réponse du Ministre des Finances, n° 12.995. *Journal Officiel*, 11 avril 1922).

Comptes courants. — Les intérêts des « comptes courants » ne sont pas atteints par l'impôt.

« La taxe établie par l'article 38 de la loi du 31 juillet 1917, modifié par l'article 52 de la loi du 25 juin 1920, frappe les intérêts des comptes des dépôts de fonds, mais n'atteint pas les intérêts des comptes courants. Toutefois, pour que l'exemption soit acquise, il faut, bien entendu, qu'il s'agisse d'un véritable compte courant, tel que ce contrat a été défini par la Cour de Cassation dans un arrêt du 3 décembre 1901 (S. 1902-1-294), c'est-à-dire d'un contrat dont : « l'essence suppose nécessairement une réciprocité de remise se traduisant en articles de crédit et de débit, distincts, destinés à se balancer en un solde définitif à la clôture du compte ». (Déclaration du Commissaire du Gouvernement à la séance du Sénat du 31 juillet 1917, *Journal Officiel* du 1er août 1917, débats p. 804). Dans la pratique, et en l'absence de tout écrit constatant l'intention des parties, il est difficile de poser un critérium absolu s'appliquant dans tous les cas, et il y a lieu d'examiner spécialement chaque espèce pour déterminer si les parties ont bien établi, entre elles, un véritable contrat de compte courant ». (Réponse du Ministre des Finances n° 9.605. *Journal Officiel*, 5 juillet 1921.)

Dépôts et retraits de fonds. — Un compte relevant des dépôts et retraits de fonds, des achats et ventes de titres, souscriptions, libérations, remises de coupons, etc... peut-il être considéré comme un compte courant ?

« Dans l'hypothèse indiquée, on ne peut admettre, a priori, qu'il y ait réellement des remises réciproques, destinées à se balancer en perdant leur individualité, de manière que le solde définitif seul soit l'objet du titre de créance. Il semble, au contraire, qu'on se trouve plutôt en présence d'un véritable compte de dépôt, présentant : *au crédit*, des versements d'espèces ou de sommes provenant de vente de titres ou d'encaissement de coupons; *au débit*, des retraits de fonds effectivement touchés en espèces, ou affectés à des achats de titres, à des souscriptions ou à des libérations. Les intérêts d'un tel compte paraissent, en conséquence, soumis à l'impôt ». (Réponse du Ministre des Finances, n° 9.605. *Journal Officiel*, 5 juillet 1921).

Sommes versées en « compte courant » par les associés en nom collectif. — Les associés en nom collectif qui, en dehors de leurs apports sociaux, versent des sommes en compte courant, doivent-ils l'impôt sur les intérêts dont ils sont crédités ?

L'impôt est-il dû, lorsque les sommes déposées en compte courant, peuvent être retirées sans préavis, ou sans l'assentiment des autres associés ?

« L'impôt institué par l'article 38 de la loi du 31 juillet 1917, modifié par l'article 52 de la loi du 25 juin 1920, est exigible sur les intérêts des sommes déposées, dans les divers cas indiqués, à moins que l'on ne se trouve en présence d'un véritable compte courant tel que ce contrat a été défini par la Cour de Cassation, dans un arrêt du 3 décembre 1901.(S. 1902-1-294) (Réponse du Ministre des Finances, n° 8.716. *Journal Officiel*, juin 1921).

Les membres d'une société en nom collectif, qui ont chez elle un compte courant individuel, *se débitant* de leurs prélèvements (lesquels peuvent se faire en toute liberté, à leur gré et sans préavis) et *se créditant* de leur part de bénéfices commerciaux au jour du bilan annuel, ainsi que des versements en espèces ou virements qu'il leur est loisible de faire à ce même compte, en toute liberté, à leur gré et sans préavis, doivent-ils acquitter l'impôt de 10 % sur les intérêts de ce compte courant ?

« L'impôt sur le revenu est exigible dans le cas indiqué; on se trouve, en effet, en présence de simple scomptes de dépôt et non de comptes courants véritables, la réciprocité des remises qui caractérise le compte courant faisant ici défaut ». (Réponse du Ministre des Finances, n° 10.192. *Journal Officiel*, 9 novembre 1921).

Cautionnements. — Les revenus des « cautionnements en numéraire » sont assujettis à l'impôt; le mot « cautionnement » vise, en la circonstance, les sommes déposées en garantie par certains fonctionnaires (comptables du Trésor etc.), par les officiers ministériels (notaires, avoués, huissiers) et, enfin, par les adjudicataires de travaux publics. Le législateur ayant employé l'expression «cautionnements en numéraire», les revenus des cautionnements non constitués en numéraire, mais en rentes sur l'Etat ou en actions et obligations échappent à l'impôt.

N. B. — Il y a lieu de remarquer, d'ailleurs, que les revenus des cautionnements constitués en immeubles, en actions et obligations, s'ils échappent à la taxe spéciale sur le revenu des cautionnements constitués en numéraire, tombent soit sous le coup de l'impôt cédulaire sur le revenu des immeubles bâtis ou non bâtis, *soit* sous le coup de la taxe sur le revenu des valeurs mobilières.

Livrets de caisses d'épargne. — Les intérêts des sommes inscrites sur les livrets des caisses d'épargne, ne sont pas assujettis à l'impôt (article 39, loi 31 juillet 1917).

Prêts consentis par les sociétés autorisées à faire des opérations de Crédit Foncier. — Les intérêts des prêts hypothécaires consentis par les établissements de Crédit Foncier ne sont pas assujettis à l'impôt (article 29. Loi du 31 juillet 1917).

Les Sociétés autorisées par le Gouvernement à faire des opérations de « Crédit Foncier » sont des établissements qui se procurent des fonds, par l'émission d'obligations, en vue de les prêter, sur hypothèque, aux propriétaires d'immeubles.

Les intérêts servis aux obligataires sont assujettis à la taxe sur le revenu des valeurs mobilières; si les intérêts des prêts hypothécaires étaient également assujettis, la même matière imposable serait deux fois assujettie puisque les intérêts versés par les propriétaires emprunteurs, entre les mains du Crédit Foncier, sont affectés par celui-ci au paiement des intérêts dus aux obligataires.

Sociétés empruntant des fonds en vue de les prêter aux commerçants et industriels. — (Loi du 31 juillet 1920, article 29).

« Sont exonérés de l'impôt sur le revenu des capitaux mobiliers, les arrérages, intérêts et autres produits des prêts consentis, sous une forme quelconque, à des commerçants ou industriels français ou résidant en France, par des Sociétés françaises, de banque ou de crédit, constituées par actions, qui émettent en représentation de ces prêts, des obligations ou autres titres d'emprunt, soumis eux-mêmes à l'impôt sur le revenu des capitaux mobiliers. Les prêts exonérés ne pourront jamais excéder le montant des obligations en titres émis, et il devra être justifié par la Société de banque ou de crédit, de la qualité de ces emprunteurs ».

N. B. — Si les intérêts des prêts consentis aux commerçants ou industriels étaient assujettis à l'impôt, la même matière imposable serait deux fois assujettie, puisque les intérêts versés par les commerçants ou industriels emprunteurs, sont précisément affectés au paiement des intérêts dus par la Société aux obligataires, lesquels intérêts sont assujettis à l'impôt sur le revenu des valeurs mobilières.

§ II. Etablissement de l'impôt. — Selon les termes de l'article 52 de la loi du 25 juin 1920, « l'impôt édicté par l'article 38 de la loi du 31 juillet 1917 sur les intérêts, arrérages et tous autres produits des créances, dépôts et cautionnements, est dû par le seul fait, *soit* du paiement des intérêts de quelque manière qu'il soit effectué, *soit* de leur inscription au débit ou au crédit d'un compte, *dès lors que le créancier a son domicile ou sa résidence habituelle en France ou y possède un établissement industriel ou commercial* dont dédépend la créance, le dépôt ou le cautionnement.

Lorsque le paiement des intérêts ou leur inscription au débit ou au crédit d'un compte est effectué en France, l'impôt est acquitté par l'apposition de timbres mobiles, *soit* sur la quittance *soit* sur le compte où l'inscription est opérée. Toutefois, un règlement d'Administration publique pourra établir des règles spéciales pour l'acquittement de l'impôt sur les intérêts portés au débit ou au crédit d'un compte.

Lorsque le paiement des intérêts ou leur inscription au débit ou au crédit d'un compte, est effectué hors de France, ou que le paiement des intérêts a lieu en France, sans création d'un écrit pour le constater, le créancier doit souscrire au bureau de l'Enregistrement la déclaration du montant de ces intérêts et acquitter la taxe sur ce montant dans les trois premiers mois de l'année suivante ».

Fait générateur de l'impôt. — L'impôt est dû, par le seul fait, *soit* du paiement des intérêts, de quelque manière qu'il soit effectué, *soit* de leur inscription au crédit ou au débit d'un compte *dès lors que le créancier a son domicile ou sa résidence habituelle en France, ou y possède un établissement industriel ou commercial, dont dépend la créance, le dépôt ou le cautionnement.*

« Le fait générateur de l'impôt sur le revenu des créances, institué par l'article 38 de la loi du 31 juillet 1917, modifié par l'article 52 de la loi du 25 juin 1920, consiste dans le paiement des intérêts. L'impôt est donc exigible, en principe, sur le montant total des intérêts payés à une date déterminée, et au tarif en vigueur à cette même date ». (Réponse du Ministre des Finances, n° 15.084. *Journal Officiel* du 30 novembre 1922).

L'assiette de l'impôt. — L'impôt atteint le « montant brut » des intérêts, arrérages ou autres produits. (Article 40. Loi du 31 juillet 1917).

L'impôt est à la charge du créancier. — Le droit est à la charge exclusive du créancier, *nonobstant toute clause contraire* et, quelle qu'en soit la date; toutefois le créancier et le débiteur en sont tenus solidairement. (Article 40. Loi du 31 juillet 1917).

Le paiement de l'impôt. — Selon les termes de l'article 52 de la loi du 25 juin 1920, et les dispositions du « Règlement d'Administration publique » du 3 septembre 1920 (*J. O.*, 17 septembre 1920), l'impôt sur le revenu des créances, dépôts et cautionnements doit être acquitté de la manière suivante :

1° S'il s'agit d'intérêts payés en France ou dont l'inscription (au crédit ou au débit d'un compte) est effectuée en France :

L'impôt est payé : *soit* au moyen de l'apposition de tim
bres mobiles sur la quittance.

soit au moyen de l'apposition de timbres mobiles sur le
compte où l'inscription est opérée.

soit au moyen de versements en espèces, effectués suivant
bordereaux mensuels remis à l'Administration de l'Enregistrement. (Ce dernier mode de règlement vise spécialement
les banquiers et établissements de crédit).

2° S'il s'agit d'intérêts payés *hors de France* ou dont l'inscription (au crédit ou au débit d'un compte) est effectuée
hors de France :

L'impôt est payé suivant déclarations annuelles remises
à l'administration de l'Enregistrement; les déclarations
relatives aux intérêts perçus au cours d'une année écoulée
doivent être souscrites et déposées dans les trois premiers
mois de l'année suivante.

3° S'il s'agit d'intérêts payés en France, sans la création
d'un écrit pour constater le paiement.

L'impôt est payé suivant déclarations annuelles remises
à l'Administration de l'Enregistrement; les déclarations
doivent être souscrites et déposées dans les trois premiers
mois de l'année et doivent indiquer le montant des revenus
encaissés au cours de l'année écoulée.

Sanctions. — Selon les termes de l'alinéa 4 de l'article 40
de la loi du 31 juillet 1917 et de l'article 53 de la loi du
25 juin 1920, toute infraction aux dispositions législatives
actuellement en vigueur en matière d'impôt sur le revenu
des créances, dépôts et cautionnements, est punie d'une
amende de 50 francs, à la charge de chacun des contrevenants
(créancier et débiteur), indépendamment du paiement,
par le créancier, *d'une amende égale au quintuple des droits*

dont le Trésor a été privé, pour chacune des années antérieures à celle de la découverte de l'infraction, sans toutefois que le droit de répétition puisse s'étendre à plus de *10 années.*

N. B. — Au principal des amendes ci-dessus énoncées, il doit être ajouté deux décimes et demi, par application de l'article 110 de la loi du 25 juin 1920.

§ III. Taux de l'impot. — (*N. B.* — Voir chapitre VIII : *L'impôt sur le revenu des capitaux mobiliers,* § 3).

C) INSTANCES. TRIBUNAUX COMPETENTS. PROCEDURE

Article 41. Loi du 31 juillet 1917. — « Le recouvrement de l'impôt sur le revenu des capitaux mobiliers sera assuré et les instances seront introduites et jugées comme en matière d'enregistrement ».

Les instances (voir titre IX, Loi 22 frimaire an VII) doivent être engagées devant les Tribunaux civils, seuls compétents en matière d'enregistrement; le Tribunal civil compétent est celui dans le ressort duquel est situé le bureau d'Enregistrement visé.

Selon les termes de l'article 65 (in fine) du titre IX de la loi du 22 frimaire an VII, les jugements rendus par les Tribunaux civils ne sont pas susceptibles d'appel et ne peuvent être attaqués que par voie de cassation.

Remarque. — Selon les termes de l'article 17 de la loi du 27 ventôse, an IV, les affaires d'Enregistrement devaient être instruites par simples mémoires, respectivement signifiés, sans plaidoiries.

L'article 7 de la loi du 30 avril 1921 est venu modifier cette situation : « Dans toute instance engagée à la suite d'une opposition aux contraintes décernées par l'administration de l'Enregistrement, des domaines et du timbre, le redevable aura le droit de présenter par lui-même, ou par le ministère d'un avocat inscrit au tableau, des *explications orales*. La même faculté appartiendra à l'Administration ».

Délai de prescription. — Toutes actions, *soit* en paiement. de la taxe, engagées par l'administration, *soit* en restitution de la taxe, engagées par les assujettis, doivent êtreintroduites dans le *délai de 5 ans*, à dater du jour où l'Administration s'est trouvée en mesure de constater l'exigibilité de la taxe, s'il s'agit d'une action en paiement, à dater du jour du paiement de l'impôt s'il s'agit d'une action en restitution.

Pourvoi en cassation. — Le pourvoi en cassation doit être déposé au greffe de la Cour de cassation, dans le délai franc de *2 mois*, à dater du jour de la signification du jugement rendu par le Tribunal civil.

DEUXIÈME PARTIE

L'impôt général sur le Revenu

DEUXIÈME PARTIE

L'Impôt général sur le revenu

CHAPITRE PREMIER

Dispositions Générales

Sommaire : § I. Les assujettis. — § II. Le lieu de l'imposition. — § III. L'imposition est établie au nom du chef de famille.

§ I. Les assujettis. — L'impôt général sur le revenu, également appelé « impôt de superposition sur le revenu global », a été introduit en France par la loi du 15 juillet 1914; (ce dernier texte législatif a été successivement modifié par les lois des : 30 décembre 1916, 23 février 1917, 31 juillet 1917, 29 juin 1918, 25 juin 1920, 31 juillet 1920).

Résidence habituelle en France. — Selon les termes de l'article 6 de la loi du 15 juillet 1914, « l'impôt général sur le revenu est dû, au 1er janvier de chaque année, par toutes les personnes ayant en France une résidence habituelle.

Sont considérées comme ayant en France une résidence habituelle, les personnes qui y possèdent une habitation à leur disposition à titre de propriétaires, d'usufruitiers ou de locataires, lorsque, dans ce dernier cas, la location est conclue *soit* par convention unique, *soit* par conventions successives, pour une période continue d'au moins une année ».

Les termes de l'article 6 précité sont l'objet du commentaire suivant, à travers « *l'Instruction Administrative du 30 mars 1918* ».

« L'impôt général sur le revenu est dû chaque année par les personnes ayant en France, au 1er janvier, une résidence habituelle quand le revenu global dont elles disposent n'est pas inférieur au chiffre prévu par la loi. La condition de *résidence habituelle*, indispensable pour légitimer l'application de l'impôt, est remplie, sans contestation possible, par tous les contribuables qui ont fixé leur domicile en France.

Quant aux personnes domiciliées, soit à l'étranger, soit dans les Colonies ou protectorats, elles doivent être aussi considérées comme possédant en France une résidence lorsqu'elles y ont une habitation à leur disposition, pourvu que leur installation présente un caractère suffisant de permanence. Ainsi le propriétaire ou l'usufruitier d'un immeuble affecté en tout ou en partie à son usage privé, se trouve dans le cas d'être assujetti à l'impôt, même s'il n'occupe pas d'une façon effective le logement qu'il s'est réservé. La location d'un même logement ou de plusieurs logements successifs pendant une période ininterrompue d'une durée au moins égale à une année, constitue également le fait habituel de nature à justifier une imposition.

Par contre, l'impôt n'atteindra pas les personnes qui, périodiquement, passent en France plusieurs semaines ou plusieurs mois, sans conserver la disposition d'une habitation dans les intervalles de leurs séjours. Les personnes qui n'ont en France *aucune résidence*, encore bien qu'y possédant des propriétés ou exploitations productives de revenus, ne seront pas davantage passibles de l'impôt ».

Nationalité. — « La règle suivant laquelle l'imposition est subordonnée à la possession d'une *résidence habituelle* en France, ne comporte aucune distinction tirée de la nationalité des intéressés et les mêmes principes sont applicables aux Français et aux Etrangers.

Toutefois, les Ambassadeurs et les Agents diplomatiques étrangers, ainsi que les Consuls et Agents consulaires de nationalité étrangère, jouiront d'une exemption complète, si les pays qu'ils représentent concèdent des avantages analogues aux Agents diplomatiques et consulaires français ». (Article 158. Instruction administrative du 30 mars 1918).

Sociétés. — Seuls les *individus* sont susceptibles d'être assujettis à l'impôt général; les collectivités et sociétés n'y sont pas soumises.

Les sociétés commerciales sont personnellement assujetties à l'impôt cédulaire sur les bénéfices industriels et commerciaux; mais elles ne sont pas soumises à l'impôt général; les bénéfices réalisés par lesdites sociétés n'échappent cependant pas à l'impôt de superposition puisque, répartis entre les associés, ils constituent un élément du revenu global à raison duquel chaque associé est personnellement assujetti.

Sujet Espagnol résidant en France. — « Aux termes de l'article 6 de la loi du 15 juillet 1914, l'impôt général sur le revenu est dû, au 1er janvier de chaque année, par toutes les personnes ayant en France une résidence habituelle. Un sujet espagnol, négociant et résidant habituellement en France, doit acquitter cet impôt au tarif en vigueur. L'article 4 de la Convention franco-espagnole du 7 janvier 1862, qui exempte les Espagnols en résidence en France de toute contribution de guerre, n'est applicable ni à l'impôt sur le revenu exigible en vertu de la loi du 15 juillet 1914, ni aux augmentations que le tarif primitif a subies depuis ». (Conseil d'Etat, 2 décembre 1921. *Gazette du Palais*, 10 octobre 1922).

Propriétaire d'une villa sise en France, et mise en vente avant le 1er janvier. — « Aux termes de l'article 6 de la loi du 15 juillet 1914, l'impôt général sur le revenu est dû, au 1er janvier de chaque année, par toutes les personnes ayant en France une résidence habituelle, c'est-à-dire possédant une habitation à leur disposition à titre de propriétaire, d'usufruitier ou de locataire.

Le propriétaire d'une villa, qui l'a mise en vente au mois de décembre, mais qui en a conservé la jouissance jusqu'au mois d'août, doit l'impôt pour cette année ». (Conseil d'Etat, 3 novembre 1922. *Gazette du Palais*, 25 décembre 1922).

§ II. Le lieu de l'imposition. — Selon les termes de l'article 7 de la loi du 15 juillet 1914, si le contribuable a une résidence unique, l'impôt est établi au lieu de cette résidence; s'il possède plusieurs résidences, l'impôt est établi là où le contribuable est réputé posséder son principal établissement.

§ III. L'imposition est établie au nom du chef de famille. — *Loi du 15 juillet 1914, article 8* : « Chaque chef de famille est imposable tant en raison de ses revenus personnels que de ceux de sa femme et des autres membres de la famille qui habitent avec lui.

Toutefois, les contribuables peuvent réclamer des impositions distinctes :

1° Lorsqu'une femme séparée de biens ne vit pas avec son mari.

2° Lorsque les enfants ou autres membres de la famille, sauf le conjoint, tirent un revenu de leur propre travail ou d'une fortune indépendante de celle du chef de famille ».

Que faut-il entendre par l'expression « chef de famille ? » —
La qualité de chef de famille, au point de vue fiscal, doit être attribuée à celui qui assume, en fait, la direction de la communauté. Ainsi qu'il est dit à travers l'article 159 de l'Instruction Administrative du 30 mars 1918, « la qualité de chef de famille, au point de vue fiscal, n'appartient pas nécessairement à celui des membres de la famille qui peut la revendiquer en droit civil, et le cas se présentera fréquemment d'un contribuable qui, bien que vivant avec ses ascendants, apparaîtra sans aucun doute comme étant le chef de famille au point de vue fiscal »

Remarque. — Lorsque des frères et sœurs vivent en commun et abandonnent à l'un d'eux qui en a la libre disposition, leurs ressources personnelles, celui d'entre eux qui a, seul, la libre disposition de l'ensemble des ressources familiales est considéré comme chef de famille; seul il est donc assujetti à l'impôt général pour l'ensemble des ressources familiales mises à sa disposition.

Epoux mariés au cours de l'année. — « D'après la législation en vigueur, *chaque chef de famille est passible* de l'impôt général sur le revenu tant en raison de ses revenus propres que de ceux de sa femme, déterminés d'après leur produit au cours de l'année immédiatement antérieure à celle de l'imposition. L'Administration estime, dès lors, que l'impôt dû, au titre d'une année déterminée, par un contribuable marié au cours de l'année précédente, doit être établi sur la totalité des revenus dont les époux ont disposé au cours de cette dernière année. En particulier, un instituteur est imposable en 1921 pour l'intégralité du traitement qu'il a touché en 1920, ainsi que pour la totalité des rémunérations reçues par sa femme au cours de cette même année ». (Réponse du Ministre des Finances. *Journal Officiel*, 16 novembre 1921).

Femme mariée, séparée de biens, ne vivant pas avec son mari. — « Aux termes de l'article 8 de la loi du 15 juillet 1914, le chef de famille est, en principe, seul passible de l'impôt général sur le revenu pour l'ensemble des ressources du ménage et la femme mariée ne peut faire l'objet d'une imposition distincte que dans le cas où étant séparée de biens, elle ne vit pas avec son mari ». (Réponse du Ministre des Finances, n° 9.988. *Journal Officiel*, 2 août 1921).

CHAPITRE II

L'assiette de l'Impôt

Selon les termes de l'article 10 de la loi du 15 juillet 1914, modifié par l'article 1er de la loi du 23 février 1917 et complété par l'article 50 de la loi du 31 juillet 1917,

— « L'impôt est établi d'après le *montant total du revenu net annuel dont dispose chaque contribuable*. Ce revenu est déterminé eu égard aux propriétés et aux capitaux que possède ce contribuable, aux professions qu'il exerce, aux traitements, salaires, pensions et rentes viagères dont il jouit, ainsi qu'aux bénéfices de toutes opérations lucratives auxquelles il se livre, sous déduction : 1º des intérêts des emprunts et dettes à sa charge; 2º des arrérages de rentes payées par lui à titre obligatoire; 3º de tous impôts directs et taxes assimilées acquittés par lui; 4º des pertes résultant d'un déficit d'exploitation dans une entreprise agricole, commerciale ou industrielle.

Le revenu imposable correspondant aux diverses sources de revenus énumérées ci-dessus est déterminé, chaque année, d'après leur produit respectif pendant la précédente année

En ce qui concerne les revenus soumis à un impôt spécial, établi par voie de rôles, le contribuable a la faculté de les évaluer d'après les règles fixées pour l'assiette de cet impôt spécial ».

Résultats de l'année qui précède celle de l'imposition. — L'impôt général établi au nom d'un contribuable au titre d'une année déterminée, est calculé d'après le montant des sommes dont il a eu la disposition au cours de l'année immédiatement antérieure à celle de l'imposition.

Cependant, (voir article 168 de l'Instruction Administrative du 30 mars 1918) les personnes assujetties à l'impôt cédulaire sur les bénéfices industriels et commerciaux et qui sont taxées, non d'après les résultats acquis au cours de l'année civile qui a précédé celle de l'imposition, mais d'après les bénéfices réalisés au cours de l'exercice comptable ayant pris fin durant l'année antérieure à celle de l'imposition, possèdent la faculté d'évaluer, suivant le même procédé, leurs revenus professionnels, en vue de l'établissement de l'impôt général sur le revenu.

Le revenu imposable. — Le revenu imposable est un « *revenu net* »; il est égal à l'excédent du « *montant total des revenus nets des diverses catégories* » sur le « *montant total des charges à déduire de l'ensemble des revenus* ».

Dès lors, pour dégager le revenu imposable, il y a lieu de déterminer tout d'abord le montant total des revenus nets des diverses catégories, puis, de soustraire de la somme obtenue, le montant des charges à déduire de l'ensemble des revenus. (Article 162 de l'Instruction Administrative du 30 mars 1918).

a) *Montant total des revenus nets des diverses catégories :*

1. Revenu net des propriétés foncières bâties.
2. Revenu net des propriétés foncières non bâties.
3. Revenu net des capitaux mobiliers.
4. Bénéfice net de l'exploitation agricole.
5. Bénéfice net des exploitations industrielles et commerciales.
6. Traitements, salaires, pensions, rentes viagères.
7. Revenu net des professions non commerciales.

I. Revenu net des propriétés foncières bâties. — Tout assujetti peut indiquer, en vue de l'établissement de l'impôt général sur le revenu,

soit : le revenu réel de ses immeubles bâtis.

soit : le revenu cadastral desdits immeubles (revenu qui sert de base à l'impôt cédulaire sur le revenu des immeubles bâtis).

Revenu réel des immeubles bâtis. — Le *revenu brut* d'un immeuble bâti (maison d'habitation, bâtiments affectés à un usage commercial, industriel ou agricole) est égal, lorsqu'il s'agit d'un immeuble donné en location, au montant des loyers reçus par le propriétaire. S'il s'agit d'un immeuble non destiné à la location, mais dont le propriétaire se réserve l'usage, le revenu brut est déterminé par comparaison avec le loyer des immeubles similaires de la même région.

Du « *revenu brut* », il y a lieu de déduire pour obtenir le « *revenu réel net* » d'un immeuble bâti :

les *frais de gestion* : traitement du gérant, salaires du concierge, abonnements pour fourniture d'eau, de gaz, élec tricité et chauffage, etc. (s'il s'agit d'une maison destinée à la location) ;

les *frais d'entretien* : vidange, nettoyage, réparations.

N. B. — Les dépenses purement somptuaires ne doivent pas être déduites; il en est de même des sommes dépensées en vue de donner à l'immeuble une importance plus grande.

Les *frais d'assurances* : incendie, inondation, bris des glaces, etc...;

L'amortissement du capital mobilier, c'est-à-dire l'annuité nécessaire pour constituer, à l'expiration de la durée normale de l'immeuble, un capital égal à celui que le propriétaire a consacré à la construction ou à l'acquisition de la propriété (N. B. — Cette annuité dépend évidemment pour chaque bâtiment, de sa durée probable et par conséquent de son mode de construction, de sa situation, de sa destination, de son affectation, du soin plus ou moins grand avec lequel il est entretenu).

Remarque. —S'il s'agit d'un immeuble dont le propriétaire se réserve l'usage, les salaires versés au concierge, les frais d'eau, chauffage, éclairage, etc... constituent des dépenses personnelles, lesquelles dépenses ne peuvent être déduites du « *revenu brut* ».

Revenu cadastral des immeubles bâtis. — (Voir Première partie : *Les impôts cédulaires*, chapitre V : *l'impôt cédulaire sur le revenu des immeubles bâtis*).

11. Revenu net des propriétés foncières non bâties. — Tout assujetti, peut indiquer, en vue de l'établissement de l'impôt général sur le revenu;

soit : le revenu réel de ses immeubles non bâtis.

soit : le revenu cadastral desdits immeubles (Revenu qui sert de base à l'impôt cédulaire sur le revenu des immeubles non bâtis).

Revenu réel des immeubles non bâtis. — La question de la détermination du revenu réel des immeubles non bâtis est l'objet du commentaire suivant sous l'article 165 de l' « Instruction Administrative du 30 mars 1918. »

« Si les propriétés sont affermées, leur *revenu brut* est constitué par le montant des fermages perçus, y compris la valeur des redevances accessoires stipulées au profi du bailleur.

Le *revenu net* est obtenu en retranchant du *produit brut* le montant des dépenses payées par le propriétaire (rétribution du régisseur, entretien des clôtures, curage des fossés, remplacement des arbres à fruits, etc.) et aussi l'amortissement des installations immobilières, autres que les bâtiments, existant sur la propriété.

Si le propriétaire exploite lui-même ses terres, seul ou avec le concours de métayers ou colons, ou s'il s'en réserve la jouissance pour son agrément, le revenu brut de la propriété est représenté par le prix du loyer dont elle serait susceptible en cas de location, et l'on en déduira, pour dégager le *revenu net*, les dépenses payées par le propriétaire et n'ayant pas le caractère de dépenses d'exploitation ».

Revenu cadastral des immeubles non bâtis. — (Voir Première partie : *Les impôts cédulaires.* Chapitre VI : *l'impôt cédulaire sur le revenu des immeubles non bâtis*).

III. Revenu net des capitaux mobiliers. — Selon les termes de l'article 166, de l' « Instruction Administrative du 30 mars 1918 », « il y a lieu de comprendre sous cette dénomination, les arrérages, intérêts, dividendes et autres produits : :

Des rentes, obligations et autres effets publics émis par l'Etat français, par les Colonies françaises et par les Etats étrangers.

Des actions, parts d'intérêts, parts de fondateurs, commandites, obligations et emprunts de toute nature des Sociétés et collectivités françaises ou étrangères.

Des créances hypothécaires, privilégiées et chirographaires.

Des dépôts de sommes d'argent.

Des cautionnements en numéraire.

La valeur de ceux des revenus ci-dessus énumérés qui sont payables en monnaies étrangères est convertie en francs au cours du change.

Les revenus des valeurs mobilières proprement dites (rentes, actions, obligations, etc.) doivent être considérés comme réalisés du jour où, étant échus et payables, il n'a dépendu que de la volonté des intéressés d'en percevoir le montant en espèces.

Du *revenu brut* des valeurs et capitaux, sont à déduire pour déterminer le revenu net :

Les impôts annuels à la charge des possesseurs, (taxe sur le revenu, droit de timbre, droit de transmission).

Les dépenses de faible importance (frais de garde, d'encaissement, etc). payées aux banques ou établissements de crédit ».

Rentes françaises. — L'impôt général sur le revenu est dû par chaque contribuable d'après la totalité de ses ressources de toute sorte; dès lors, bien qu'affranchis de l'impôt sur le revenu des valeurs mobilières, les revenus des rentes et autres valeurs émises par l'Etat français, en particulier des emprunts émis pendant la guerre, doivent être retenus pour l'établissement de l'impôt général dû par les bénéficiaires. (Réponse du Ministre des Finances n° 12.136. *Journal Officiel*, 1er mars 1922).

IV. Bénéfice net de l'exploitation agricole. — Tout assujetti peut indiquer, en vue de l'établissement de l'impôt général sur le revenu,

soit le bénéfice forfaitaire de son exploitation (celui qui sert de base à l'impôt cédulaire sur les bénéfices de l'exploitation agricole);

soit le bénéfice effectif de son exploitation lorsque celui-ci est inférieur au bénéfice forfaitaire.

(Voir Première partie, chapitre II : *L'impôt cédulaire sur les bénéfices de l'exploitation agricole*).

Remarque. — *Métayage* (Instruction Administrative du 30 mars 1918, article 167) :« En cas d'exploitation à portion de fruits, le métayer est seul, au point de vue de l'impôt cédulaire, considéré comme exploitant et cotisé, s'il y a lieu, pour l'ensemble des bénéfices de l'exploitation. *Mais*, en raison du caractère strictement personnel de l'impôt général, il est nécessaire que la part respective du métayer et du propriétaire, dans le bénéfice agricole, soit déterminée pour être comprise dans l'évaluation du revenu total de chacun d'eux. Si le bénéfice est évalué forfaitairement, il doit être alors divisé proportionnellement aux sommes correspondant, d'un côté, à la partie du produit total de la terre qui est recueillie par le métayer, et de l'autre, à celle à laquelle a droit le propriétaire, diminuée de la valeur locative de la propriété ».

« Bien que l'impôt cédulaire sur les bénéfices de l'exploitation agricole soit, dans le cas de métayage, établi au nom du seul métayer à raison de l'ensemble des bénéfices de l'exploitation, il doit être tenu compte, pour la détermination du revenu total servant de base à l'impôt général sur le revenu qui est dû par le propriétaire, de la part des mêmes bénéfices recueillie par ce dernier. Celui-ci est tenu, par suite, de les comprendre dans sa déclaration au même titre que ses autres revenus. Pour établir cette déclaration, il peut faire état, *soit* du produit effectif total de la propriété, *soit* du bénéfice forfaitaire. Dans le premier cas, sa part de bénéfices résulte de la comparaison de ses recettes et de ses dépenses, déduction faite du revenu foncier qui figure déjà dans sa déclaration à la cédule correspondante. Dans le second cas, le bénéfice forfaitaire doit être divisé proportionnellement aux sommes correspondant, d'un côté, à la partie du produit total de la terre qui est recueillie par le métayer, et, de l'autre, à celle à laquelle a droit le propriétaire, diminuée de la valeur locative de la propriété ». (Réponse du Ministre des Finances, n° 4.326. *Journal Officiel* du 20 mai 1921).

V. Bénéfice net des exploitations industrielles et commerciales. — Tout assujetti peut indiquer, en vue de l'établissement de l'impôt général sur le revenu :

soit le bénéfice réel de son exploitation, durant l'année (ou l'exercice) qui a précédé celle de l'imposition.

soit le bénéfice évalué par application au chiffre d'affaires d'un coefficient approprié.

(Voir Première partie, chapitre I : *L'impôt cédulaire sur les bénéfices industriels et commerciaux*).

Remarque I. — Quelle est la situation du contribuable com-

merçant (ou industriel) qui désire évaluer forfaitairement
son bénéfice commercial, en vue de l'établissement de l'impôt général sur le revenu; sans doute doit-il indiquer tout
d'abord son chiffre d'affaires, mais lui appartient-il également de choisir, lui-même, le coefficient approprié dont
il désire l'application ?

Monsieur le Ministre des Finances s'est exprimé, à ce
sujet, de la manière suivante :

« Dans la déclaration qu'ils sont appelés à souscrire en vue
de l'établissement de l'impôt général sur le revenu, les contribuables sont tenus, conformément à l'article 16 de la loi
du 15 juillet 1914, modifié par l'article 5 de la loi du 30 décembre 1916, et par l'article 2 de la loi du 23 février 1917, d'indiquer le montant des bénéfices commerciaux, qu'ils ont pu réaliser. S'ils entendent évaluer leurs revenus professionnels
d'après leur chiffre d'affaires, il leur appartient nécessairement
de mentionner le coefficient dont l'application à cet élément
leur a permis de dégager leur bénéfice, le contrôleur conservant, bien entendu, le droit de discuter et, le cas échéant, de
rectifier ce coefficient, sans que cette rectification puisse,
d'ailleurs, entraîner l'application d'aucune pénalité ». (Réponse
du Ministre des Finances n° 7.743. *Journal Officiel*, 8 avril 1921).

Remarque II. — Bénéfices réalisés par les Sociétés de personnes. — Ainsi qu'il a été dit à travers le paragraphe 1er du
chapitre I, les Sociétés commerciales ne sont pas assujetties
à l'impôt général; les bénéfices réalisés par lesdites sociétés
n'échappent cependant pas à l'impôt de superposition,
puisque, répartis entre les associés, ils constituent un élément du revenu global à raison duquel chaque associé est
personnellement assujetti à l'impôt général.

L'Administration estime même que les membres d'une
Société de personnes peuvent être valablement assujettis
à l'impôt général sur le revenu, pour la totalité de leur part

respective dans les bénéfices sociaux, alors même qu'ils n'en auraient pas effectivement prélevé le montant intégral.

« L'administration estime que les membres d'une Société de personnes peuvent être valablement assujettis à l'impôt général sur le revenu pour la totalité de leur part respective dans les bénéfices sociaux, alors même qu'ils n'en auraient pas effectivement prélevé le montant intégral.

Le droit général qu'ont les associés de réclamer leur part de bénéfices, implique, en effet, qu'ils en ont eu libre disposition en fin d'exercice, sauf à la laisser volontairement engagée en tout ou en partie, dans leur entreprise ». (Réponse du Ministre des Finances, n° 8.200. *Journal Officiel*, 15 mai 1921).

Remarque III. — Bénéfices industriels et commerciaux provenant d'entreprises sises à l'étranger. — Alors que l'impôt cédulaire sur les bénéfices industriels et commerciaux atteint seulement les bénéfices procurés par les entreprises exploitées en France à l'exclusion des bénéfices provenant d'établissements sis à l'étranger ou dans les Colonies, l'impôt général atteint au contraire la totalité des bénéfices industriels et commerciaux obtenus en France ou à l'Etranger, peu importe, au cours de l'année (ou exercice) immédiatement antérieure à celle de l'imposition.

Remarque IV. — Gain réalisé sur la vente d'un fonds de commerce. — « L'Administration estime que le gain réalisé sur la vente d'un fonds de commerce, est un bénéfice commercial susceptible d'être retenu dans les bases de l'impôt général sur le revenu et que, par suite, une imposition supplémentaire peut être établie au nom du vendeur s'il n'a pas fait figurer le bénéfice dont il s'agit dans sa déclaration. Toutefois, en l'absence de dissimulation intentionnelle, il n'y a pas lieu d'appliquer la majoration de droits prévue dans le cas de déclaration insuffisante ». (Réponse du Ministre des Finances n° 6.085. *Journal Officiel*, 13-4-1921).

VI. Traitements, salaires, pensions, rentes viagères. — (Voir Première partie, chapitre III : *L'impôt cédulaire sur les traitements, salaires, pensions et rentes viagères*).

VII. Revenu net des professions non commerciales. — (Voir Première partie, chapitre IV : *L'impôt sur les bénéfices des professions non commerciales*).

b) *Montant total des charges à déduire de l'ensemble des revenus.* — D'une manière générale, on peut dire que toutes les dépenses réellement effectuées, en vue de l'acquisition et de la conservation du revenu, peuvent être déduites de l'ensemble des revenus.

« L'impôt général sur le revenu est établi d'après le montant total du revenu net annuel dont dispose chaque contribuable, c'est-à-dire de l'excédent du produit brut effectivement rélisé par le contribuable sur les dépenses qu'il a réellement effectuées, en vue de l'acquisition et de la conservation de ce revenu. S'il n'est pas justifié, et s'il ne résulte d'aucune pièce produite, que les dépenses déduites aient ce caractère, il appartient à l'Administration de rechercher dans quelle mesure la déduction peut être admise ». Conseil d'Etat, 3 juin 1922. *Gazette du Palais*, 26 septembre 1922).

Droits de mutation. — Les droits de mutation par décès ne peuvent être déduits du revenu des bénéficiaires d'une succession pour l'établissement de l'impôt général, car ils ne constituent pas une charge de ce revenu et viennent seulement diminuer le montant de leur part successorale. (Réponses du Ministre des Finances, n° 4.778. *Journal Officiel*, 24 octobre 1920, et n° 15.162. *Journal Officiel*, 30 novembre 1922).

Selon les termes de l'article 10 de la loi du 15 juillet 1914, les charges à déduire peuvent être rangées en quatre catégories :

1. Intérêts des dettes et emprunts.
2. Arrérages de rentes payées à titre obligatoire.
3. Impôts directs et taxes assimilées.
4. Déficit d'exploitation dans une entreprise agricole, commerciale ou industrielle.

1. Intérêts des dettes et emprunts. — En principe, il y a lieu de déduire de l'ensemble des revenus, les intérêts de toutes dettes et tous emprunts contractés par le contribuable; il y a lieu de remarquer, cependant, que les intérêts des capitaux empruntés pour l'exercice d'une profession ou pour les besoins d'une entreprise industrielle, commerciale ou agricole, étant déjà pris en considération lors de la détermination du bénéfice net desdites entreprises ou exploitations, ne peuvent être retranchés une seconde fois de l'ensemble des revenus.

N. B. — *Intérêts des dettes hypothécaires.* (Instruction Administrative du 30 mars 1918, article 172) : « Bien que l'hypothèque soit plus spécialement une charge de l'immeuble qu'elle grève, elle doit être, d'après les dispositions légales, considérée comme affectant l'ensemble des ressources du contribuable, c'est donc du total des revenus, et non du produit brut des propriétés immobilières, que seront déduits les intérêts des emprunts hypothécaires ».

Remarque. — Toutes les dettes, *quelle que soit la forme sous laquelle elles ont été contractées* et pourvu que leur réalité soit démontrée d'une façon certaine, sont susceptibles de motiver la déduction prévue à l'article 10 de la loi du 15 juillet 1914; il n'est donc pas indispensable que les dettes alléguées résultent d'actes enregistrés.

II. Arrérages de rentes viagères payées à titre obligatoire. — (Instruction Administrative du 30 mars 1918, article 173). — Le caractère *obligatoire* des rentes, auquel est expressément subordonnée la déduction que la loi autorise, peut résulter non seulement d'une décision judiciaire, mais de tout engagement librement consenti, à la condition que cet engagement découle d'un titre ou d'un ensemble de faits susceptibles de faire preuve;

Dans la même catégorie rentrent aussi les pensions alimentaires, dont le caractère obligatoire est affirmé par les dispositions du Code civil.

III. Impôts directs et taxes assimilées. — Selon les termes de l'article 174 de l'Instructiion Administrative du 30 mars 1918 : « les impôts directs dont la déduction est prévue comprennent toutes les contributions perçues par voie de rôles nominatifs, au profit de l'Etat, des Départements et Communes; l'impôt général sur le revenu afférent à l'année précédant celle de l'imposition peut lui-même être déduit des revenus de ladite année ».

Revenus de certaines catégories déterminés sous déduction des impôts directs qui les frappent. — « Pour l'assiette de l'impôt général sur le revenu, les impôts directs, doivent, en principe, être déduits, sans distinction, du revenu global déclaré par les redevables. *Toutefois*, lorsque les revenus de certaines catégories ont été déterminés sous déduction des impôts directs qui les frappent, ces impôts ne sauraient être déduits une seconde fois, de l'ensemble des revenus des contribuables.

Or, les bénéfices industriels et commerciaux, évalués par

application au chiffre d'affaires d'un coefficient approprié, représentent les bénéfices nets des exploitations, déduction faite de tous frais et charges parmi lesquels sont compris, notamment, les impôts directs afférents aux entreprises. *Il s'ensuit que* les commerçants et industriels qui ont recours, pour la détermination de leurs bénéfices professionnels, à l'évaluation forfaitaire, ne sont pas fondés à demander que les impôts directs frappant leurs entreprises soient déduits de leur revenu global.

Dès lors, les propriétaires qui, pour la détermination de leur revenu global, retiennent le « *revenu net* » d'après lequel « ils sont cotisés à la contribution foncière, sont en droit de déduire de l'ensemble de leurs revenus le montant de leur imposition à cette contribution. *Mais*, ceux qui, préférant déclarer leur « *revenu réel* » tiennent compte pour l'estimation de ce revenu du montant de l'impôt foncier affectant leurs immeubles, ne sont pas admis à déduire, à nouveau, l'impôt dont il s'agit de leur revenu global ». (Réponse du Ministre des Finances, n° 7.925. *Journal Officiel* du 8 avril 1921).

Taxes perçues au profit de la ville de Paris. — « Aux termes de l'article 10 de la loi du 15 juillet 1914, modifié par l'article 1er de la loi du 23 février 1917, les contribuables sont admis à déduire du montant de leur revenu global, pour l'établissement de l'impôt général, tous impôts directs et taxes assimilées par eux acquittés. La taxe des prestations et l'impôt sur les domestiques perçus au profit de la ville de Paris rentrant dans cette dernière catégorie, les intéressés peuvent valablement en opérer la déduction, mais il n'en est plus de même, depuis le 1er janvier 1920, de la taxe sur les voitures automobiles, que la loi du 25 juin 1920 a transformée, à partir de cette date, en impôt indirect ». (Réponse du Ministre des Finances, n° 14.619. *Journal Officiel*, 16 novembre 1922).

IV. Déficit d'exploitation dans une entreprise agricole, commerciale ou industrielle. — Lorsque le résultat d'une entreprise agricole, commerciale ou industrielle, est *déficitaire* il appartient au contribuable de déduire de l'ensemble de ses revenus, une somme égale au déficit constaté.

N. B. — L'Administration estime que cette disposition est également applicable aux pertes subies dans l'exercice de toute profession non commerciale.

Exploitation déficitaire. — Une exploitation n'est déficitaire que tout autant qu'elle a donné des produits insuffisants pour couvrir les frais qu'elle a supportés, le déficit étant précisément constitué par *l'excédent des dépenses sur les recettes*; la loi autorise la déduction de *cet excédent* pour l'établissement de l'impôt général sur le revenu. (Réponse du Ministre des Finances, n° 4.499. *Journal Officiel* du 19 octobre 1921).

Exploitation d'une écurie de courses. — « Le contribuable qui entretient une écurie de courses et se livre en même temps à l'élevage des chevaux qu'il fait courir, doit être considéré, s'il poursuit normalement la réalisation de bénéfices, comme exploitant une entreprise professionnelle et soumis, *soit à l'impôt sur les bénéfices des professions non commerciales, soit* à l'impôt sur les bénéfices de l'exploitation agricole, suivant que l'exploitation de l'écurie de courses ou l'élevage, constitue l'objet principal de la profession. Dans l'un comme dans l'autre cas, lorsque l'entreprise accuse des résultats déficitaires, ceux-ci sont susceptibles à titre de perte d'exploitation, d'être admis pour l'assiette de l'impôt général sur le revenu, en déduction du revenu global de l'exploitant. Mais, si l'intéressé ne poursuit pas normalement la réalisation de bénéfices et s'il ne s'agit que d'une occupation sans but lucratif, l'excédent des dépenses sur les recettes ne constitue qu'un *emploi du revenu* et n'est pas, dès lors, de nature à motiver une déduction pour l'établissement de l'impôt général sur le revenu ». (Réponse du Ministre des Finances, n° 4.769. *Journal Officiel* 27 décembre 1921).

Déficit d'exploitation dans une société en nom collectif. — « Les dispositions de l'article 10 de la loi du 15 juillet 1914 qui autorisent, pour l'établissement de l'impôt général sur le revenu, la déduction des pertes résultant d'un déficit d'exploitation dans une entreprise commerciale, sont susceptibles de recevoir leur application à l'égard des Membres d'une Société en nom collectif, chaque associé pouvant, pour la détermination de son revenu net global, déduire la part qui, d'après les clauses du contrat d'association, lui incombe dans le déficit de la Société ». (Réponse du Ministre des Finances n° 16.331. *Journal Officiel* du 22 février 1923).

CHAPITRE III

Déductions pour charges de famille

I. Déductions pour personnes à charge. — *L'article 12 de
la loi du 15 juillet 1914*, modifié par l'article 3 de la loi du
29 juin 1918 et par l'article 7 de la loi du 25 juin 1920, est
ainsi conçu : « Les contribuables mariés ont droit, sur leur
revenu annuel, à une déduction de 3.000 francs. La même
déduction est accordée, en cas de décès de l'un des époux,
au conjoint survivant non remarié et ayant à sa charge un
ou plusieurs enfants issus du mariage. En outre, tout contribuable a droit, sur son revenu annuel, à une déduction
de 1.500 francs par personne à sa charge si le nombre des
personnes à sa charge ne dépasse pas cinq.

Toutefois, pour chaque enfant au-dessous de 21 ans,
resté à la charge de ses parents, et pour chaque personne au
delà de la cinquième, quel que soit son âge, la déduction
sera portée à 2.000 francs. »

II. Que faut-il entendre par personnes à charge? — *L'article 13 de la loi du 15 juillet 1914* modifié par l'article 7 de
la loi du 25 juin 1920, est ainsi conçu :

« Sont considérés comme personnes à la charge du contribuable, à la condition de n'avoir pas de revenus distincts

de ceux qui servent de base à l'imposition de ce dernier :

1° les ascendants agés de plus de 70 ans ou infirmes; toutefois cet âge est abaissé à 60 ans à l'égard des femmes veuves, vivant sous le même toit que leur fils ou leur fille, et à leur charge exclusive.

2° les descendants ou enfants par lui recueillis, s'ils sont agés de moins de 21 ans ou s'ils sont infirmes ».

Enfants nés d'un précédent mariage. — Le contribuable qui est obligé de pourvoir à l'entretien des enfants nés d'un premier mariage rompu par le divorce et qui a à sa charge ceux d'une veuve avec laquelle il s'est remarié, peut-il, pour le *calcul des déductions* et dégrèvements prévus par les lois fiscales, tenir compte de la totalité de ces charges ?

« S'il pourvoit à l'entretien des enfants issus de son premier mariage et s'il a également à sa charge les enfants de la veuve avec qui il s'est remarié, le contribuable visé dans la question est susceptible de bénéficier, à raison des uns et des autres, des atténuations d'impôt pour charges de famille, prévues par la législation en vigueur ». (Réponse du Ministre des Finances, n° 5.445. *Journal Officiel*, 20 décembre 1922).

III. Situation de famille au 1er janvier de l'année de l'imposition. — Il y a lieu pour le calcul des déductions de considérer la situation de famille qui est celle du contribuable au 1er janvier de l'année de l'imposition.

« Suivant la règle générale applicable en matière de contributions directes, c'est, en principe, d'après la situation des contribuables au 1er janvier de l'année de l'imposition, que doit être réglé l'impôt général sur le revenu; c'est donc d'après la situation de famille du contribuable au 1er janvier de l'année d'imposition que doit être réglée l'application, en sa faveur, des déductions prévues par l'article 12 de la loi du 15 juillet 1914». Conseil d'Etat, 8 juillet 1922. *Gazette du Palais*, 10 octobre 1922).

CHAPITRE IV

Détermination du revenu global des personnes non domiciliées en France

Loi du 15 juillet 1914, article 11. — « En ce qui concerne les personnes non domiciliées en France, mais y possédant une ou plusieurs résidences, le revenu imposable est fixé à une *somme égale à sept fois la valeur locative de cette ou de ces résidences*, à moins que les revenus tirés par le contribuable, de propriétés, exploitations ou professions, sises ou exercées en France, n'atteignent un chiffre plus élevé, auquel cas ce dernier chiffre sert de base à l'impôt ».

Officiers français détachés près une armée étrangère. — « Pour l'établissement des impôts sur les revenus, les officiers français détachés à une armée étrangère et servant hors du territoire français doivent être considérés comme n'ayant pas leur domicile en France. Ils ne sont pas, dès lors, passibles de l'impôt sur les traitements et salaires, et ils ne se trouvent dans le cas d'être soumis à l'impôt général *sur le revenu* que s'ils ont conservé une résidence sur notre territoire. Dans cette hypothèse, ils doivent être cotisés d'après les règles applicables aux personnes ayant une résidence en France sans y posséder de domicile, c'est-à-dire à raison d'un revenu égal à sept fois la valeur locative de leur résidence, à moins que le montant de leurs revenus de provenance française n'atteigne un chiffre plus élevé, auquel cas c'est ce dernier chiffre qui doit servir de base à l'impôt ». (Réponse du Ministre des Finances, n° 10.147. *Journal Officiel*, 26 octobre 1921).

Evaluation forfaitaire. — « Aux termes de l'article 11 de la loi du 15 juillet 1914, les personnes non domiciliées en France, mais y possédant une résidence, doivent l'impôt sur un revenu égal à sept fois la valeur locative de cette résidence.

Cette évaluation d'après le système forfaitaire constitue le revenu imposable et le contribuable ne peut, dès lors, invoquer le bénéfice des dispositions de l'article 10 de la loi précitée, relatives à la déduction des charges grévant l'ensemble des revenus (Conseil d'Etat 3 novembre 1922. *Gazette du Palais*, 25 décembre 1922).

CHAPITRE V

Les déclarations

§ I. Déclarations à souscrire. Sanctions. — Selon les termes de l'article 16 de la loi du 15 juillet 1914, modifié par l'article 5 de la loi du 30 décembre 1916, et par l'article 2 de la loi du 23 février 1917, « les contribuables passibles de l'impôt sont tenus de souscrire une déclaration de leur revenu, avec l'indication, par nature de revenu, des éléments qui le composent; ils fournissent, dans leur déclaration, toutes indications nécessaires au sujet de leurs charges de famille; ils doivent, en outre, pour avoir droit au bénéfice des déductions prévues par l'article 10, indiquer dans leur déclaration le chiffre et la nature des dettes et pertes qu'ils ont déduites de leur revenu global.

Les déclarations sont rédigées sur ou d'après des formules dont la teneur sera fixée par un « Règlement d'Administration publique », *elles sont revues dans les trois premiers mois de chaque année.*

Le contribuable qui ne renouvelle pas sa déclaration est

considéré comme ayant maintenu sa déclaration précédente.

Les déclarations dûment signées sont remises ou adressées au *contrôleur des contributions directes* qui en délivre récépissé ».

Sanctions. — Tout contribuable assujetti à l'impôt général qui n'a pas souscrit la déclaration de son revenu dans le délai légal de 3 mois, est *taxé d'office; il est en outre l'objet d'une majoration d'impôt de* 10 % (à cette pénalité il y a lieu d'ajouter 2 décimes et demi par application de l'article 110 de la loi du 25 juin 1920).

N.B. — Bien entendu, le contribuable qui n'a pas souscrit de déclaration, parce qu'il se trouvait dans le cas de maintenir la déclaration par lui souscrite l'année précédente, échappe aux sanctions ci-dessus mentionnées.

« Aux termes de l'article 16 de la loi du 15 juillet 1914, tout contribuable passible de l'impôt général sur le revenu, est tenu de souscrire, dans les trois premiers mois de chaque année une déclaration de son revenu. Alors même que les appointements formant ses seules ressources auraient fait, de la part de son employeur, l'objet d'une déclaration régulière en vue de l'établissement de l'impôt sur les traitements et salaires, il n'en reste pas moins tenu de souscrire une déclaration personnelle et s'il ne satisfait pas à cette obligation, la majoration de droits prévue par l'article 18 de la loi susvisée du 15 juillet 1914, lui est nécessairement applicable ». (Réponse du Ministre des Finances, n° 10.197. *Journal Officiel* du 18 novembre 1921).

§ II. Déclarations insuffisantes et frauduleuses. — Selon les termes de l'article 2 de la loi du 31 juillet 1920, « le contribuable qui n'a déclaré qu'un revenu insuffisant est tenu, *s'il n'établit sa bonne foi,* de verser, en sus des droits afférents au montant réel de son revenu imposable, une somme égale au *quadruple* de la partie de ces droits correspondant au revenu non déclaré. Toutefois, le droit en sus n'est applicable que si l'insuffisance est *supérieure au dixième* du revenu imposable », (à la pénalité du *quadruple droit* il y a lieu d'ajouter deux décimes et demi par application de l'article 110 de la loi du 25 juin 1920).

Bonne foi. — « L'administration admet que la pénalité n'est pas exigible, lorsqu'il est établi qu'il n'y a pas eu, de la part du contribuable, intention de dissimulation ou négligence grave et si l'atténuation du revenu déclaré ne provient que d'une interprétation défectueuse ou d'une connaissance imparfaite de la loi ». (Réponse du Ministre des Finances, *Journal Officiel,* 2 mars 1920).

Manœuvres frauduleuses. — (Voir Première partie, chap. VII : *Dispositions communes,* § 3).

§ III. **Taxation insuffisante.** — Selon les termes de l'article 17 de la loi du 15 juillet 1914 : « Lorsqu'une insuffisance du revenu déclaré aura été constatée par l'Administration après l'établissement du rôle, la cotisation correspondant à cette insuffisance pourra être réclamée au contribuable *soit* dans l'année même, *soit* au cours des cinq années suivantes ».

CHAPITRE VI

Calcul de l'impôt. — Réductions et majorations.

A) Calcul de l'impôt. — Selon les termes de l'article 8 de la loi du 25 juin 1920 « Les articles 14 et 15 de la loi du 15 juillet 1914, modifiés par les lois du 30 décembre 1916 (article 5) et du 29 juin 1918 (article 2) sont remplacés par les dispositions suivantes :

Pour le calcul de l'impôt, toute fraction du revenu, inférieur à 100 francs est négligée;

L'impôt est calculé en tenant, en outre, pour nulle la fraction du revenu qui, défalcation faite des déductions prévues à l'article 12, n'excède pas 6.000 francs et en comptant :

Pour un vingt-cinquième, la fraction comprise entre 6.000 francs et 20.000 francs. Pour deux vingt-cinquièmes, la fraction comprise entre 20.000 fr. et 30.000 fr. Et ainsi de suite, en augmentant d'un vingt-cinquième par tranche de 10.000 fr. jusqu'à 100.000 francs; par tranche de 25.000 fr. jusqu'à 400.000 francs et par tranche de 50.000 fr. jusqu'à 550.000 fr.; la fraction du revenu excédant 550.000 francs est comptée pour l'intégralité. Le taux à appliquer au revenu taxable ainsi obtenu est fixé à 50 %. »

En d'autres termes, on peut dire que le taux de l'impôt est de :

0 % pour la fraction du revenu comprise entre	0 et	6.000 fr.
2 % — — —	6.000 et	20.000 fr.
4 % — — —	20.000 et	30.000 fr.
6 % — — —	30.000 et	40.000 fr.
8 % — — —	40.000 et	50.000 fr.
10 % — — —	50.000 et	60.000 fr.
12 % — — —	60.000 et	70.000 fr.
14 % — — —	70.000 et	80.000 fr.
16 % — — —	80.000 et	90.000 fr.
18 % — — —	90.000 et	100.000 fr.
20 % — — —	100.000 et	125.000 fr.
22 % — — —	125.000 et	150.000 fr.
24 % — — —	150.000 et	175.000 fr.
26 % — — —	175.000 et	200.000 fr.
28 % — — —	200.000 et	225.000 fr.
30 % — — —	225.000 et	250.000 fr.
32 % — — —	250.000 et	275.000 fr.
34 % — — —	275.000 et	300.000 fr.
36 % — — —	300.000 et	325.000 fr.
38 % — — —	325.000 et	350.000 fr.
40 % — — —	350.000 et	375.000 fr.
42 % — — —	375.000 et	400.000 fr.
44 % — — —	400.000 et	450.000 fr.
46 % — — —	450.000 et	500.000 fr.
48 % — — —	500.000 et	550.000 fr.

50 % pour la fraction du revenu qui excède 550.000 francs.

B) *Réductions*. — Selon les termes de l'article 8 de la loi du 25 juin 1920: «Tout contribuable dont le revenu net total, défalcation faite des déductions prévues par l'article 12, *n'est pas supérieur à* 10.000 francs a droit à une réduction d'impôt de 7,50 % pour chaque personne à sa charge jusqu'à la deuxième, et de 15 % pour chacune des autres à partir de la troisième.

Tout contribuable, dont le revenu, défalcation faite des déductions prévues par l'article 12, *est supérieur à* 10.000 fr. a droit à une réduction d'impôt de 5 % pour chacune des trois premières personnes à sa charge, et de 10 % pour chacune des autres personnes à partir de la quatrième, sans que, toutefois, le montant total de cette réduction puisse excéder 2.000 fr. par personne à la charge du contribuable ».

Application numérique. — Un contribuable (marié et ayant 3 enfants mineurs de 21 ans à sa charge, au 1er janvier de l'année de l'imposition) a disposé d'un *revenu global net* de 50.000 francs durant l'année immédiatement antérieure à celle de l'imposition. Comment sera-t-il taxé ?

1. *Déductions.*

1re déduction : homme marié .... 3.000 fr.
2e déduction : 3 enfants mineurs .... 6.000 fr. (2.000 × 3)

Déduction totale .... 9.000 fr.

2. *Calcul de l'impôt.*

50.000 fr. — 9.000 fr. = 41.000 fr. (revenu imposable).
La fraction de 0 à 6.000 fr. = 6.000 fr. n'est pas imposée.
La fraction de 6.000 à 20.000 fr. = 14.000 fr. est taxée à 2 % = 280 fr.
La fraction de 20.000 à 30.000 fr. = 10.000 fr. est taxée à 4 % = 400 fr.
La fraction de 30.000 à 40.000 fr. = 10.000 fr. est taxée à 6 % = 600 fr.
La fraction de 40.000 à 41.000 fr. = 1.000 fr. est taxée à 8 % = 80 fr.

Total   .... 1.360 fr.

3. *Réductions.*

Le revenu net, défalcation faite des déductions pour charges de famille, est égal à 41.000 fr., c'est-à-dire supérieur à 10.000 francs.
1re réduction = 5 % (1re personne à charge).
2e réduction = 5 % (2e personne à charge).
3e réduction = 5 % (3e personne à charge).
Réduction totale = 15 %.
1.360 fr. × 15 % = 204 fr.
Impôt à payer : 1.360 fr. — 204 fr. = 1.156 francs.

c) *Majorations*. — Selon les termes de l'article 9 de la loi du 25 juin 1920 : « Le montant de l'impôt général sur le revenu est majoré de 25 % pour les contribuables âgés de plus de 30 ans, qui sont célibataires ou divorcés et qui n'ont aucune personne à leur charge.

Le même montant est majoré de 10 % pour les contribuables âgés de plus de 30 ans, mariés depuis 2 ans au 1er janvier de l'année de l'imposition, lorsque, à la même date, ces mêmes contribuables n'ont pas d'enfants et se trouvent n'avoir aucune personne à leur charge.

Les dispositions ci-dessus ne sont pas applicables aux contribuables des catégories visées, titulaires d'une pension prévue par la loi du 31 mars 1919 pour une invalidité de 40 % et au-dessus, ni aux contribuables dont tous les enfants sont morts à la guerre ».

Veufs. — « La disposition de l'article 9, § 2, de la loi du 25 juin 1920, suivant laquelle le montant de l'impôt sur le revenu est majoré de 10 % à l'égard de certains assujettis, n'est applicable qu'aux contribuables mariés et n'atteint pas dès lors, ceux qui sont veufs ». (Réponse du Ministre des Finances, n° 5.041. *Journal Officiel*, 15 décembre 1920).

Enfants d'un précédent mariage. — « Aux termes de l'article 9 de la loi du 25 juin 1920, le montant de l'impôt général sur le revenu est majoré de 10 % à l'égard des contribuables mariés qui n'ont pas d'enfants. Dès l'instant, par suite, que dans un ménage, l'un des conjoints a des enfants issus d'un premier mariage, la majoration en question n'est pas susceptible de recevoir son application ». (Réponse du Ministre des Finances, n° 4.048. *Journal Officiel*, 16 février 1921).

Enfants adoptés. — « La majoration de 10 % est-elle applicable à un contribuable marié depuis plus de 2 ans, n'ayant pas d'enfant, mais ayant adopté une jeune fille actuellement majeure.

L'adoption ayant pour effet, d'après les dispositions du Code civil, d'établir entre l'adoptant et l'adopté un rapport de paternité et de filiation, il y a lieu d'admettre que la majoration de 10 % prévue par le § 2 de l'article 9 de la loi du 25 juin 1920 n'est pas applicable au contribuable visé dans la question. » (Réponse du Ministre des Finances n° 7.660. *Journal Officiel* du 16 mars 1921).

Divorcés. — « Aux termes de l'article 9 de la loi du 25 juin 1920, la majoration de droits de 25 %, prévue en matière d'impôt général sur le revenu, s'applique aux divorcés, âgés de plus de trente ans, qui n'ont aucune personne à leur charge. » (Réponse du Ministre des Finances n° 15.747. *Journal Officiel* du 16 janvier 1923).

CHAPITRE VII

Instances. - Juridiction compétente. - Procédure

Selon les termes de l'article 22 de la loi du 15 juillet 1914 :

« Les réclamations relatives à l'impôt général sur le revenu sont présentées, instruites et jugées comme en matière de *contributions directes*.Toutefois, ces réclamations sont jugées, et les décisions prononcées en audience non publique ».(Voir Première partie, chap. VII : *Dispositions communes*, § 2, *Demandes en décharge ou en réduction*).

« En vertu de l'article 22 de la loi du 15 juillet 1914, les réclamations relatives à l'impôt général sur le revenu sont présentées, instruites et jugées comme en matière de contributions directes.

Le Conseil de Préfecture peut donc ordonner d'office, par application de l'article 13 de la loi du 22 juillet 1889 et de l'article 16 de la loi du 17 juillet 1895, *qu'il sera procédé à une expertise* sur les points déterminés par sa décision ». (Conseil d'Etat 10 novembre 1922, *Gazette du Palais*, 27 décembre 1922).

Le Statut Fiscal des Régions libérées.

LOI DU 16 JUILLET 1921

TROISIÈME PARTIE

Loi du 16 juillet 1921 relative à l'établissement d'un régime transitoire pour la perception des impôts dans les Régions Libérées.

Sommaire : § I. Contributions directes de l'exercice 1914 demeurées impayées. — § II. Exonération totale pour l'année 1919. — § III. Période 1920-1923 : *a*) Impôts cédulaires; *b*) Impôt général sur le revenu. — §IV. Contribuables ne bénéficiant pas du régime spécial. — § V. Territoires soumis à l'application de la loi du 16 juillet 1921.

§ I. Contributions directes de l'exercice 1914, demeurées impayées. — *Loi du 16 juillet 1921, article 4 (§ Ier) : « Les comptables du Trésor ne poursuivront pas le recouvrement des contributions directes (principal et centimes additionnels, départementaux et communaux) des taxes assimilées et des impositions spéciales pour bourses et chambres de commerce qui resteront dues pour l'année 1914.*

Les sommes versées depuis le 11 novembre 1918 seront appliquées aux rôles postérieurs ».

En d'autres termes : 1° les contributions directes établies au titre de l'année 1914, et payées avant le 11 novembre 1918, demeureront acquises au Trésor; 2° les contributions directes établies au titre de l'année 1914, et payées postérieurement au 11 novembre 1918 seront appliquées aux rôles postérieurs; 3° les contributions directes dues au titre de l'année 1914, et demeurées impayées, ne seront pas réclamées par le Trésor.

§ II. Exonération totale pour l'année 1919. — *Loi du 16 juillet 1921, article 4, § II* : « Il ne sera dû, pour l'année 1919, aucun impôt sur les bénéfices industriels et commerciaux, sur les bénéfices de l'exploitation agricole, sur les traitements et salaires, sur les pensions et rentes viagères et sur les bénéfices des professions non commerciales, non plus que sur le revenu global ».

§ III. Période 1920-1923. — **a) Les impôts cédulaires.**

Loi du 16 juillet 1921, article 4, § III. — « Par mesure transitoire, l'impôt sur les bénéfices industriels et commerciaux, l'impôt sur les traitements et salaires, les pensions et rentes viagères, l'impôt sur les bénéfices des professions non commerciales, dus au titre des années 1920 à 1923, sont établis en majorant de 100 % pour 1920, de 75 % pour 1921, de 50 % pour 1922 et de 25 % pour 1923, le montant des exemptions totales ainsi que les limites des déductions partielles applicables pour le calcul de l'impôt ».

Application numérique

1° Impôt sur les bénéfices industriels et commerciaux

Pour 1920. — La fraction du revenu imposable comprise entre :

       0 et 3.000 fr. est taxée à raison de 2 %.

    3.000 et 10.000 fr.   —   4 %.

le surplus du bénéfice imposable est taxé à raison de 8 %.

Pour 1921. — La fraction du revenu imposable comprise entre :

0 et 2.625 fr. est taxée à raison de 2 %.
2.625 et 8.750 fr. — 4 %.
le surplus du bénéfice imposable est taxé à raison de 8 %.

Pour 1922. — La fraction du revenu imposable comprise entre :

0 et 2.250 fr. est taxée à raison de 2 %.
2.250 et 7.500 fr. — 4 %.
le surplus du bénéfice imposable est taxé à raison de 8 %.

Pour 1923. — La fraction du revenu imposable comprise entre :

0 et 1.875 fr. est taxée à raison de 2 %.
1.875 et 6.250 fr. — 4 %
le surplus du bénéfice imposable est taxé à raison de 8 %.

TABLEAU COMPARATIF (Cédule Industrielle et Commerciale)

Bénéfice commercial ou industriel imposable	Impôt à payer en France non envahie	Impôt à payer dans les Régions libérées			
		1920	1921	1922	1923
15.000	970	740	797,50	855	912,50
20.000	1.370	1.140	1.197,50	1.255	1.312,50
25.000	1.770	1.540	1.597,50	1.655	1.712,50
30.000	2.170	1.940	1.997,50	2.055	2.112,50
35.000	2.570	2.340	2.397,50	2.455	2.512,50
40.000	2.970	2.740	2.797,50	2.855	2.912,50
45.000	3.370	3.140	3.197,50	3.255	3.312,50
50.000	3.770	3.540	3.597,50	3.655	3.712,50

(sauf réductions pour charges de famille).

2° *Impôt sur les traitements et salaires*

a) *Villes n'ayant pas plus de 50.000 habitants.*

Pour 1920. — La fraction du revenu imposable comprise entre :

     0 et   8.000 fr. n'est pas taxée.

     8.000 et 16.000 fr. est taxée à raison de 3 %.

le surplus du bénéfice imposable est taxé à raison de 6 %.

Pour 1921. — La fraction du revenu imposable comprise entre :

     0 et   7.000 fr. n'est pas taxée.

     7.000 et 14.000 fr. est taxée à raison de 3 %.

le surplus du bénéfice imposable est taxé à raison de 6 %

Pour 1922. — La fraction du revenu imposable comprise entre :

     0 et   6.000 fr. n'est pas taxée.

     6.000 et 12.000 fr. est taxée à raison de 3 %.

le surplus du bénéfice imposable est taxé à raison de 6 %.

Pour 1923. — La fraction du revenu imposable comprise entre :

     0 et   5.000 fr. n'est pas taxée.

     5.000 et 10.000 fr. est taxée à raison de 3 %.

le surplus du bénéfice imposable est taxé à raison de 6 %.

TABLEAU COMPARATIF (Cédule Traitements et Salaires)
(Communes n'ayant pas plus de 50. 000 habitants)

Revenu imposable	Impôt à payer en France non envahie	Impôt à payer dans les Régions libérées			
		1920	1921	1922	1923
10.000	240	60	90	120	150
15.000	540	210	270	360	450
20.000	840	480	570	660	750
25.000	1.140	780	870	960	1.050
30.000	1.440	1.080	1.170	1.260	1.350
35.000	1.740	1.380	1.470	1.560	1.650
40.000	2.040	1.680	1.770	1.860	1.950

(sauf réductions pour charges de famille).

b) *Villes de plus de 50.000 habitants.*

Pour 1920. — La fraction du revenu imposable comprise entre :

0 et 10.000 fr. n'est pas taxée.

10.000 et 16.000 fr. est taxée à raison de 3 %.

le surplus du bénéfice imposable est taxé à raison de 6 %.

Pour 1921. — La fraction du revenu imposable comprise entre :

0 et 8.750 fr. n'est pas taxée.

8.750 et 14.000 fr. est taxée à raison de 3 %.

le surplus du bénéfice imposable est taxé à raison de 6 %.

Pour 1922. — La fraction du revenu imposable comprise entre :

0 et 7.500 fr. n'est pas taxée.

7.500 et 12.000 fr. est taxée à raison de 3 %.

le surplus du bénéfice imposable est taxé à raison de 6%.

Pour 1923. — La fraction du revenu imposable comprise entre :

0 et 6.250 fr. n'est pas taxée.

6.250 et 10.000 fr. est taxée à raison de 3 %.

le surplus du revenu imposable est taxé à raison de 6 %.

TABLEAU COMPARATIF (Cédule Traitements et Salaires)
(Communes de plus de 50.000 habitants)

Revenu imposable	Impôt à payer en France non envahie.	IMPOT A PAYER dans les régions libérées.			
		1920	1921	1922	1923
10.000	210	0	37,50	75	112,50
15.000	510	150	217,50	315	412,50
20.000	810	420	517,50	615	712,50
25.000	1.110	720	817,50	915	1.012,50
30.000	1.410	1.020	1.117,50	1.215	1.312,50
35.000	1.710	1.320	1.417,50	1.515	1.612,50
40.000	2.010	1.620	1.717,50	1.815	1.912.50

(sauf réductions pour charges de famille).

L'impôt sur les bénéfices de l'exploitation agricole. — Loi du 25 juin 1920, article 2 : « Pour l'année 1920, les coefficients applicables sont ainsi fixés, sans l'intervention de la commission : Terres labourables, bois industriels, aulnaies, saussaies, oseraies, etc., parcs... 1

Prairies, jardins, vergers et cultures fruitières, pépinières : 2

Vignes : 3.

Cultures maraîchères : 3.

Pour les terrains de la zone dévastée, délimitée par l'arrêté du 12 août 1919, portant ou ayant porté des récoltes depuis leur remise en culture, les coefficients seront, pour l'année 1920, égaux aux quarts de ceux appliqués dans le reste de la France et, pour les années ultérieures, seront fixés par les lois de finances ou par des lois spéciales.

Seront exemptés, dans la même zone, de l'impôt sur les bénéfices agricoles, les terrains incultes du fait de la guerre ou ceux qui donnent une première récolte après un an au moins d'abandon du même fait ».

Loi du 16 juillet 1921, article 4, 5ᵉ et 6ᵉ paragraphes. — « L'impôt sur les bénéfices de l'exploitation agricole restera fixé, conformément aux dispositions de l'article 2 de la loi du 25 juin 1920, pour les terrains qui y sont visés et *conformément aux règles des paragraphes précédents* (article 4, paragraphes 2, 3, 4) *pour les autres terrains.* En ce qui concerne les terrains de la zone dévastée délimitée par l'arrêté du 12 août 1919, portant ou ayant porté des récoltes depuis leur remise en culture, les coefficients applicables à la valeur locative pour la détermination du bénéfice agricole devant servir de base à l'impôt dû au titre des années 1921 à 1923, seront établis en réduisant de 75 % pour 1921, de 50 % pour 1922 et de 25 % pour 1923, les coefficients fixés pour les régions auxquelles appartiennent ces terrains ».

b) L'impôt général sur le revenu.

Loi du 16 juillet 1921, article 4, § IV. — « En ce qui concerne l'établissement de l'impôt général sur le revenu pour les mêmes années (1920 à 1923), les déductions autorisées par l'article 12 de la loi du 15 juillet 1914, modifié par l'article 7 de la loi du 25 juin 1920, ainsi que la fraction du revenu qui, défalcation faite de ces déductions, est totalement exonérée de l'impôt, seront, pour chacune desdites années, respectivement majorées dans les mêmes proportions (de 100 % pour 1920, de 75 % pour 1921, de 50 % pour 1922, de 25 % pour 1923) ».

Application numérique.

Un contribuable marié, ayant à sa charge 3 enfants mineurs de 21 ans, ainsi qu'un ascendant de plus de 70 ans, a disposé d'un revenu global net de 50.000 fr. durant l'année immédiatement antérieure à celle de l'imposition; comment sera-t-il taxé ?

Pour 1920. — *Déductions* :
Homme marié .... 6.000 fr.
3 enfants mineurs .... 12.000 fr. (3 × 4.000)
1 ascendant .... 3.000 fr.
                           ————————
                           21.000 fr.
Revenu imposable : 50.000 — 21.000 = 29.000 fr.
Calcul de l'impôt : La fraction du revenu comprise entre :

0 et 12.000 fr. n'est pas taxée.
12.000 et 20.000 fr. est taxée à raison de 2 %.
20.000 et 29.000 fr.   —   4 %.
        8.000 × 2 % = 160 fr.
        9.000 × 4 % = 360 fr.
                      ————————
                      520 fr.

Réductions. — (Il s'agit d'un revenu imposable supérieur à 10.000 fr.).

      1re personne à charge : réduction   5 %
      2e personne à charge : réduction   5 %
      3e personne à charge : réduction   5 %
      4e personne à charge : réduction   10 %

      Réduction totale .... 25 %

Réduction totale : 25 % de 520 = 130 fr. — Impôt à payer 520 — 130 = 390 francs.

Pour 1921. — *Déductions :*

Homme marié ....   5.250 fr.
3 enfants mineurs ....   10.500 fr. (3 × 3.500)
1 ascendant ....   2.625 fr.
                      18.375 fr.

Revenu imposable : 50.000 fr. — 18.375 fr. = 31.625 fr.

Calcul de l'impôt : La fraction du revenu comprise entre :
      0 et 10.500 fr. n'est pas taxée.
    10.500 et 20.000 fr. est taxée à raison de 2 %.
    20.000 et 30.000 fr.   —   4 %.
    30.000 et 31.625 fr.   —   6 %.

       9.500 × 2 % = 190 fr.
     10.000 × 4 % = 400 fr.
      1.625 × 6 % =   97 fr. 50
                    687 fr.50

Réductions : Réduction totale = 25 % de 687 fr. 50 = 171 fr. 875. Impôt à payer : 687 fr. 50 — 171 fr. 875 = 515 fr. 625.

Pour 1922. — *Déductions :*

Homme marié ....   4.500 fr.
3 enfants mineurs ....   9.000 fr. (3 × 3.000)
1 ascendant ....   2.250 fr.
                      15.750 fr.

Revenu imposable : 50.000 fr. — 15.750 = 34.250 fr.

Calcul de l'impôt : La fraction du revenu comprise entre :

    0 et   9.000 fr. n'est pas taxée.
    9.000 et 20.000 fr. est taxée à raison de 2 %.
   20.000 et 30.000 fr.   —   4 %.
   30.000 et 34.250 fr.   —   6 %.

           11.000 × 2 % = 220 fr.
           10.000 × 4 % = 400 fr.
            4.250 × 6 % = 255 fr.
                          ————
                          875 fr.

Réductions :
Réduction totale 25 % de 875 fr. = 218 fr. 75.
Impôt à payer = 875 fr. — 218 fr. 75 = 656 fr. 25

Pour 1923. — *Déductions* :

Homme marié ....   3.750 fr.
3 enfants mineurs ....   7.500 fr. (3 × 2.500)
1 ascendant ....   1.875 fr.
                            ————
                           13.125 fr.

Revenu imposable : 50.000 fr. — 13.125 fr. = 36.875 fr.

Calcul de l'impôt : La fraction du revenu comprise entre :

    0 et   7.500 fr. n'est pas taxée.
    7.500 et 20.000 fr. est taxée à raison de 2 %.
   20.000 et 30.000 fr. est taxée à raison de 4 %.
   30.000 et 36.875 fr.   —   6 %.

           12.500 × 2 % = 250 fr.
           10.000 × 4 % = 400 fr.
            6.875 × 6 % = 412 fr. 50
                          ————
                         1.062 fr. 50

Réductions: Réduction totale 25 % de 1.062 fr. 50 = 265 fr. 625.
Impôt à payer = 1062 fr. 50 — 265 fr. 625 = 796 fr. 875.

Remarque : *Déclaration globale des revenus des années 1919 et 1920. Loi du 16 juillet 1921, article 4, § VII.* — « Les contribuables auront la faculté de faire une déclaration globale de leurs revenus et bénéfices de 1919 et de ceux de 1920 ».

§ IV. Contribuables ne bénéficiant pas du régime spécial. — (Loi du 16 juillet 1921, article 4, § 8 et 9) : « Sont exclus, toutefois, du bénéfice des dispositions du paragraphe 2 et des majorations prévues aux 3e et 4e paragraphes du présent article, les contribuables qui, pour une période quelconque d'imposition, auront été soumis à la contribution extraordinaire sur les bénéfices de guerre. En sont également exclus les contribuables ou leurs ayants-droit qui n'étaient pas, avant la guerre, domiciliés dans les régions qui ont été occupées par l'ennemi ou situées sur la ligne de feu ».

Les contribuables qui, ayant, avant la guerre, leur domicile dans la zone délimitée par le décret du 5 octobre 1921, l'ont *provisoirement* abandonné, peuvent, s'ils n'y ont pas renoncé pour se fixer définitivement sur un autre point du territoire et alors même qu'ils ne l'auraient pas encore réintégré, être admis aux avantages de la loi du 16 juillet 1921, à la condition, toutefois, de n'avoir pas été soumis à la contribution extraordinaire sur les bénéfices de guerre pour une période quelconque d'imposition.

Dans cette hypothèse, les intéressés se trouvent exonérés de tout impôt sur les revenus pour 1919, et ils bénéficient, pour les années 1919 à 1923, d'un mode spécial de taxation qui, d'une manière générale, consiste à majorer dans la proportion de 100 % pour 1920, de 75 % pour 1921, de 50 % pour 1922 et de 25 % pour 1923, le montant des exemptions totales et les déductions partielles en matière d'impôts cédulaires et, pour ce qui est de l'impôt général sur le revenu, le montant des déductions pour situation et charges de famille, ainsi que la fraction du revenu qui, défalcation faite de ces déductions, est affranchie de toute taxation.

Si, au contraire, les contribuables en cause se sont définitivement fixés en dehors des régions envahies ou sinistrées, le régime transitoire ne leur est pas applicable et ils doivent être traités, pour les années 1919 à 1923, suivant les règles de droit commun, mais ils conservent, bien entendu, pour les années

1916 à 1918, le droit à l'exonération d'impôts sur les revenus dont bénéficient, sans exception, tous les contribuables qui, avant la guerre, étaient domiciliés dans les régions libérées ». (Réponse du Ministre des Finances. (*Journal Officiel* du 29 décembre 1922).

§ V. Territoires soumis à l'application de la loi du 16 juillet 1921. — *Loi du 16 juillet 1921, article 6* : « Pour l'application de la présente loi, le territoire des Communes envahies par l'ennemi ou situées sur la ligne de feu sera déterminé par un décret rendu après avis de commissions spéciales réunies à cet effet dans chacun des Départements envahis et comprenant les membres de la Commission départementale et au moins deux maires par arrondissement sinistré ».

N. B. — Le décret prévu à l'article 6 est intervenu en date du 5 octobre 1921.

TABLE DES MATIÈRES

PREMIÈRE PARTIE

Les impôts cédulaires

DEUXIÈME PARTIE

L'impôt général sur le revenu

TROISIÈME PARTIE

Le statut fiscal des régions libérées

BORDEAUX, IMP. J. BIÈRE, 18-20, RUE DU PEUGUE